INTISARS AUTO

Aus dem Leben einer jungen Frau im Jemen

Pedro Riera
Nacho Casanova

INTISARS AUTO

Aus dem Leben
einer jungen Frau
im Jemen

graphic novel
EGMONT

Intisars Auto – Aus dem Leben einer jungen Frau im Jemen

Aus dem Spanischen von André Höchemer

Originaltitel: „El Coche de Intisar – Retrato de Una Mujer Moderna en Yemen"
von Pedro Riera und Nacho Casanova

Originalausgabe: El coche de Intisar

verlegt durch Egmont Verlagsgesellschaften mbH,
Gertrudenstraße 30-36, 50667 Köln

1. Auflage
Verantwortlicher Redakteur: Christopher Bünte
Lektorat: Andreas Völlinger
Textbearbeitung: Jano Rohleder
Gestaltung: Thomas Gilke
Lettering: Christian Maiwald
Koordination: Theresa Lindenstruth
Printed in the EU (675274)
ISBN 978-3-7704-5510-2

www.egmont-graphic-novel.de

MIX
Papier aus verantwortungsvollen Quellen
FSC® C002795
FSC www.fsc.org

Geboren als Frau im Jemen

Wie Sie alle hatte auch ich einmal Ambitionen. In meiner Jugend gab ich mich aufregenden Träumen hin. Ich malte mir aus, was ich einmal besitzen und was ich gerne sein würde. Naiv warteten meine Träume darauf, das Licht der Welt zu erblicken. Doch sie waren sich des Feindes nicht bewusst, der darauf sann, sie zu begraben. Ich wollte leben und arbeiten, das schien mir legitim. Doch „sie" sahen darin nur Symptome meines Wahnsinns und meiner Aufsässigkeit. Damals erkannte ich zum ersten Mal den Feind, der in jedem neuen Lebensabschnitt aufs Neue versucht, meine Persönlichkeit auszulöschen – wegen meines Geschlechts. In jener Zeit hasste ich den Körper, in dem ich geboren worden war. Er schien mich einzuschränken und zu definieren. Es war wohl egal, welche Ansichten ich hatte oder was ich tat. Wäre ich dagegen als Mann geboren worden, hätte ich meine Träume verwirklichen können. Allerdings wäre ich dann ein ordinärer, gesichtsloser Mensch geworden, so wie die meisten Männer im Jemen. Und Sie hätten jetzt nicht die Gelegenheit, diese Geschichte über mich und andere Frauen wie mich zu lesen. Außerdem wäre ich nicht so stolz auf meine Errungenschaften, denn mit jeder gemeisterten Hürde wurden meine Erfolge noch süßer.

Viele von Ihnen glauben sicher, dass die Situation von uns Frauen im Jemen und in den übrigen arabischen Ländern auf den Islam zurückzuführen sei. In Wirklichkeit kämpfen wir im Jemen nicht gegen den Islam, sondern gegen eine „Religion" aus Bräuchen und Traditionen, die sich in den letzten Jahrzehnten entwickelt und ausgebreitet hat. Ich werde diese Schlacht möglicherweise nicht im Leben gewinnen, doch ich will sichergehen, dass ich einen bleibenden Eindruck hinterlasse. Vielleicht nicht in der ganzen Welt, aber zumindest in den Köpfen der Menschen, denen ich meine Sicht der Dinge und meine Einstellung vermittle. Auch wenn Sie nichts über mich wissen, können Sie mich kennenlernen. Dazu müssen Sie nur die Augen schließen und auf meine Seele blicken, die meiner Meinung nach geschlechtslos ist. Wünschen Sie mir nur das, was Sie sich selbst wünschen, ganz einfach.

So sehr sie mich auch unterjochen wollen, ich bin und bleibe die Enkelin von Arwa bint Ahmad*, der Königin des Jemens, und die Enkelin von Balkis, der Königin von Saba**. So sehr sie mich auch erniedrigen wollen, ich bin und bleibe die Tochter einer Frau, die mich lehrte, mit erhobenem Haupt zu gehen, ohne zu wanken. Ich bin und bleibe all die Frauen, die einen freien Geist besitzen und deren Ansichten jeden Brauch und jede Tradition übertönen.

Eine jemenitische Frau

* Sie regierte den Jemen im 12. Jahrhundert und war als besonders klug bekannt.
** Einigen Quellen zufolge lag das Königreich von Saba im Jemen.

Intisar gibt es nicht

Intisar gibt es nicht. Sie ist eine fiktive Figur, aber sie könnte durchaus real sein.

Im September 2009 ergab sich für meine Frau die Gelegenheit, ein Jahr im Jemen zu verbringen. Bevor wir in Sanaa landeten, hatte man uns bereits darauf hingewiesen, dass Frauen und Männer dort völlig getrennte Leben führten. Trotzdem schockierte uns die starre Geschlechtertrennung und wie sehr die Frauenwelt gegen Einblicke von außen abgeschirmt war.

Während des zehnmonatigen Aufenthalts im Jemen schloss ich mit nur vier jemenitischen Frauen Freundschaft. Mit zweien von ihnen konnte ich mich nur heimlich und unter besonderen Vorkehrungen treffen, ganz so, als würde sich ein Liebespaar für ein Rendezvous verabreden. Natürlich war meine Frau immer dabei.

Sie dagegen fand viele gute Freundinnen und wurde zu Feierlichkeiten, Hochzeiten und anderen Treffen eingeladen, bei denen Männer verboten waren. Was sie dort sah, fegte alle Vorurteile fort, mit denen wir unfreiwillig angereist waren.

Damals fassten wir den Entschluss, dieser spannenden und hermetisch abgeriegelten Welt auf den Grund zu gehen und ein Buch darüber zu schreiben. Es ist noch in Arbeit. Insgesamt führten wir rund vierzig Interviews mit verschiedenen jemenitischen Frauen. Bei diesen Treffen hörten wir viele sehr persönliche Geschichten. Ein halbes Dutzend davon hätte ausgereicht, um diesen Comic zu füllen. Allerdings hätte dann die Gefahr bestanden, dass ein Mann seine Schwester, seine Frau oder seine Tochter wiedererkennen und sich in seiner Ehre verletzt fühlen könnte. Und das wäre gefährlich für sie gewesen.

Daher entschied ich mich, ein Skript aus Geschichten und Anekdoten zusammenzusetzen, die ich während der Monate im Jemen in einem Tagebuch zusammengetragen hatte. Dabei wollte ich nicht die Interessen, Enttäuschungen, Ängste und Hoffnungen aus den Augen verlieren, die die meisten der Frauen geäußert hatten.

Für Intisar ließ ich mich von der Persönlichkeit einer der Frauen inspirieren, deren Charakter und klare Gedanken mich am meisten beeindruckt haben.

Eine andere Gesprächspartnerin erklärte sich bereit, das Vorwort zu verfassen, das sie mit „Eine jemenitische Frau" unterschrieb.

Pedro Riera

1

DAS IST MEIN AUTO, EIN COROLLA BAUJAHR 84. WIR SIND FAST GLEICH ALT.
MEINE MUTTER HAT ES VOR EINIGEN MONATEN VON IHREM BRUDER GEERBT.
te amo, te amo...
ICH HABE BEREITS EIN VERMÖGEN REINGESTECKT.
she is scared to breathe...
FÜR EINE GUTE BODENHAFTUNG IN DEN KURVEN MUSSTE ICH DIE ALTEN REIFEN DURCH 15-ZOLL-RADIALREIFEN ERSETZEN.
I hold her hand...
UND DAS FAHRGESTELL WEGEN DER SCHLAGLÖCHER UM ZWÖLF ZENTIMETER ANHEBEN.
...I've got no choice
pulled me out
on the beach
KLICK
VOL 13
ICH LIESS IHN BLAU LACKIEREN, MIT EINEM GELBEN STREIFEN.
DER GELBE STREIFEN WAR EIN VOLLTREFFER. DAMIT WIRKT ER GLEICH VIEL SPORTLICHER.

ZUM GLÜCK WAR DER MOTOR RECHT GUT IN SCHUSS UND ICH MUSSTE NUR DEN LÜFTER AUS-WECHSELN LASSEN.
HUUP
HUUP
HUUUP
HUUUP
HUUUUUUP
PFF. VERGISS ES ...
WRMM
WRMMM

WRMM
WRMMM
QUIEEETSCH
KRRACK
WRMM
WRMM

HUUP
WRMM
WRMM

wRMM
wRMM
SCHEISSE!
HUUUUUUP
CRASH
wRMM
QUIEEEEETSCH
MIST-
STÜCK!

ÑIEEC
NA, SAG MAL …
WIE BIN ICH DENN DRAUF?
GERADE NOCH MAL GUT GEGANGEN.
PUH …
KLICK
VOL 12
RHIANNA TE AMO
WRMM

te amo, te amo...
WRMMM
ICH WEISS, ICH SOLLTE ETWAS ENTSPANNTER FAHREN ... SCHON KLAR.
...she says to me
ABER ICH KANN ES NICHT LASSEN.
I hear the pain...
WENN SICH EIN TYP MIT MIR ANLEGT, GEBE ICH ALLES.
...in her voice
AUCH WENN ES MICH UMBRINGT.
then we danced...
...underneath
the candelabra

WENN ICH IN FAHRT BIN, DENKE ICH NIE AN DIE FOLGEN.
she takes the lead
DAS IST KINDISCH UND DUMM.
that's when I saw...
ES IST EINFACH STÄRKER ALS ICH.
VOL 12
RIHANNA TE AMO
...in her eyes...
...it's over
DENN ES MACHT UNHEIMLICH SPASS, EINEN MANN AUF SEINEM TERRAIN ZU SCHLAGEN.
then she says te amo...

2

MEIN VATER HAT UNS MAL WIEDER VERSETZT.
WAS FÜR EIN SCHUFT.
HEUTE SOLLTEN WIR IHM HULDIGEN.
DAS MACHEN WIR ALLE ZWEI BIS DREI MONATE. WIR BESUCHEN IHN ZU HAUSE UND HEUCHELN IHM LIEBE UND RESPEKT VOR, DAMIT ER UNS FÜR EINE WEILE IN RUHE LÄSST.
DOCH ALS WIR BEI IHM ANKAMEN, SAGTE UNS DAS DIENSTMÄDCHEN, ER SEI ÜBERS WOCHENENDE NACH KAIRO GEFAHREN.
ER HÄTTE BESCHEID SAGEN KÖNNEN – ABER NEIN! SO IST ER. ER ZEIGT GERNE, DASS ER NACH LUST UND LAUNE ÜBER UNS VERFÜGEN KANN.
WIE GESAGT, ER IST EIN SCHUFT.

MEINE MUTTER BEHAUPTET, ER SEI WÄHREND IHRER EHE KEIN SCHLECHTER KERL GEWESEN. ER HABE SICH ERST VERÄNDERT, ALS ER SICH VON IHR SCHEIDEN LIESS UND „DIE HEXE" HEIRATETE.
VIELLEICHT STIMMT DAS, ABER ICH HABE DIE NETTE SEITE MEINES VATERS NIE KENNENGELERNT.
ER HAT UNS SCHON IMMER DAS LEBEN SCHWER GEMACHT.
ICH RESPEKTIERE IHN BLOSS AUS ZWEI GRÜNDEN.
ERSTENS: ER HAT ES ALLEINE ZU ETWAS GEBRACHT, OHNE FREMDE HILFE.
MEIN VATER STAMMT AUS SEHR EINFACHEN VERHÄLTNISSEN. ER WUCHS IN EINEM DORF ZWISCHEN ZIEGEN AUF UND MUSSTE NACH SAUDI-ARABIEN AUSWANDERN.
HEUTE IST ER EIN REICHER, MÄCHTIGER MANN.

DER ZWEITE GRUND, AUS DEM ICH MEINEN VATER RESPEKTIERE, IST, DASS ER NASSER ALS CHAUFFEUR EINGESTELLT HAT.
NASSER WAR SEIN BESTER JUGENDFREUND.
SAUDI-ARABIEN WAR NICHTS FÜR IHN, ALSO GING ER ZUR ARMEE.
ER BRACHTE ES SEHR JUNG ZUM OFFIZIER.
ER HÄTTE KARRIERE GEMACHT, STÜRZTE JEDOCH BEI EINEM MANÖVER IN DIE TIEFE UND MUSSTE SICH AN EINEM HOCHSPANNUNGSKABEL FESTHALTEN.
MAN AMPUTIERTE IHM EINEN ARM AN DER SCHULTER UND DEN ANDEREN UNTERARM.
HEUTE LENKT ER MIT DEM STUMPF.

MEIN VATER SCHICKTE IHN IMMER ZUM FLUGHAFEN, UM KUNDEN ABZUHOLEN, DIE ZU BESUCH KAMEN.
WENN SIE IHN FRAGTEN, WORAN SIE SEINEN CHAUFFEUR ERKENNEN KÖNNTEN, ANTWORTETE ER IMMER ...
GANZ EINFACH, ES IST DER MANN OHNE ARME.
NATÜRLICH HIELTEN DAS ALLE ZUNÄCHST FÜR EINEN SCHERZ. SIE KAMEN INS SCHWITZEN, SOBALD SIE NASSER ZUM ERSTEN MAL SAHEN.
WILLKOMMEN IN SANAA.
ARRIV
EINMAL HÖRTE ICH MEINEN VATER SAGEN, NASSER SEI SEIN BESTER WITZ.
ICH WEISS ABER, DASS ER IHN AUS LOYALITÄT EINSTELLTE UND NICHT, UM SCHERZE MIT SEINEN KUNDEN ZU TREIBEN.
ER BOT SEINEM FREUND EINE WÜRDIGE ARBEIT UND NASSER NUTZTE DIE CHANCE. ER IST EIN AUSGEZEICHNETER FAHRER.

EINE ZEIT LANG BRACHTE ER MICH UND MEINE SCHWESTER ZUR SCHULE.
WENN UNS DIE POLIZEI ODER DAS MILITÄR BEI EINER KONTROLLE ANHIELTEN UND DIE FAHRZEUGPAPIERE VERLANGTEN, ZEIGTE ER IHNEN IMMER SEINEN STUMPF.
SIE LIESSEN IHN SOFORT WEITERFAHREN.
DANN STRECKTE NASSER SEINEN STUMPF IN DIE LUFT UND MEINTE, DAS WÄRE SEIN FÜHRERSCHEIN. WIR LACHTEN UNS KAPUTT.
DAS IST DAS GUTE AN UNSEREM LAND: HIER STÖRT ES NIEMANDEN, WENN EIN EINARMIGER AUTO FÄHRT.

NASSER ARBEITET IMMER NOCH ALS CHAUFFEUR, ALLERDINGS NICHT MEHR FÜR MEINEN VATER.
SEIT EINIGEN JAHREN BRAUCHT MEIN VATER EINEN CHAUFFEUR MIT ZWEI ARMEN UND ZWEI HÄNDEN, DER NICHT NUR FAHREN, SONDERN AUCH EINE WAFFE HALTEN KANN.
UND ZWAR RICHTIG.
1994 KAM ES IM JEMEN ZUM BÜRGERKRIEG.
DER NORDEN SCHLUG DEN SÜDEN.
Sanaa
Aden
WIE IN JEDEM KRIEG RISSEN DIE GEWINNER ALLES AN SICH, WAS SIE NUR KONNTEN.
EINER MEINER ONKEL BRACHTE AUS ADEN ZWEI LASTWAGEN VOLLER BÜROMÖBEL MIT, DIE AUS IRGENDEINEM MINISTERIUM STAMMTEN. ER VERKAUFTE SIE AUF DER STRASSE.

BEKANNTE MEINES VATERS BRACHTEN EINE RIESENMENGE SEMTEX MIT, DAS SIE AUS EINEM MUNITIONSRAUM GESTOHLEN HATTEN.
SIE WURDEN ES ABER NICHT LOS.
40 ...
65 ...
43 ...
MEIN VATER KAUFTE IHNEN DEN SPRENGSTOFF FÜR 50.000 DOLLAR AB.
IN DEN FOLGENDEN WOCHEN SETZTE ER SICH MIT DEM ISRAELISCHEN GEHEIMDIENST IN VERBINDUNG.
ER ERZÄHLTE DEN ISRAELIS VOM ANGEBOT EINER PALÄSTINENSISCHEN TERRORGRUPPE UND GAB IHNEN DIE GELEGENHEIT MITZUBIETEN.
UM IHN AUS DEM VERKEHR ZU ZIEHEN, KAUFTEN DIE ISRAELIS DEN GESAMTEN PLASTIKSPRENGSTOFF FÜR 1.000.000 DOLLAR.
MEIN VATER IST EIN GENIALER GESCHÄFTSMANN. KEIN WUNDER, DASS ER SO REICH IST.

ALS DIE MÄNNER, DIE IHM DAS SEMTEX VERKAUFT HATTEN, VON DEM GESCHÄFT ERFUHREN, FÜHLTEN SIE SICH HINTERGANGEN UND VERLANGTEN IHREN ANTEIL.
MEIN VATER WEIGERTE SICH.
WER IHM EINEN RIAL ABLUCHSEN WILL, MUSS CLEVERER SEIN.
MONATE SPÄTER STELLTE MAN IHM IN DER INNENSTADT EINE FALLE IM JEMEN-STIL.
DREI SCHÜSSE IN DIE BRUST.
MAN HIELT IHN FÜR TOT.
DOCH ER WURDE VON EINEM ALGERISCHEN CHIRURGEN OPERIERT. UND DAS, OBWOHL ER ALGERIER AUS TIEFSTER SEELE HASST.
ALLEIN DER GEDANKE, DASS ER EINEM ALGERIER SEIN LEBEN VERDANKT, VERSETZT IHN IN RAGE. NIEMAND MIT GESUNDEM MENSCHENVERSTAND TRAUT SICH, IHN DARAN ZU ERINNERN.

OBWOHL SEITDEM EINIGE JAHRE VERGANGEN SIND, IST DIE SACHE NICHT VERGESSEN.
IM JEMEN WIRD NICHTS VERGESSEN UND NICHTS VERZIEHEN.
ES GIBT EINEN SCHLECHTEN WITZ DARÜBER. ICH FINDE IHN KLASSE.
EINE FRAU BRINGT EIN MÄDCHEN ZUR WELT UND DIE MÄNNLICHEN DORFBEWOHNER SCHAUEN VORBEI, UM DEM VATER ZU GRATULIEREN.
PPRRRTT
AUF EINMAL ENTFÄHRT DEM VATER VOR ALLEN GÄSTEN EIN LAUTER FURZ, WAS ALS ECHTE SCHANDE GILT.
KURZ DARAUF MUSS DER MANN OHNE SEINE FAMILIE IN DIE USA AUSWANDERN.
16 JAHRE SPÄTER KEHRT ER ZUR HOCHZEIT SEINER TOCHTER ZURÜCK. BEI SEINER ANKUNFT TRIFFT ER EINEN NACHBARN, DER IHN NICHT WIEDERERKENNT.
„WAS GIBT'S NEUES?", FRAGT ER. „NICHT VIEL", ANTWORTET DER ANDERE. „DIE TOCHTER DES FURZERS HEIRATET."

ES HAT ABER AUCH VORTEILE, DASS NICHTS VERGESSEN WIRD.
WEIL MEIN VATER TODESDROHUNGEN ERHÄLT UND VIELE FEINDE HAT, HAT ER WICHTIGERE DINGE IM KOPF ALS UNS.
ER GEWÄHRT UNS MEHR RAUM ... EIN BISSCHEN FREIHEIT.
TRAURIG, ABER WAHR.
FÜR UNS IST FREIHEIT ALL DAS, WAS WIR TUN KÖNNEN, OHNE DASS MEIN VATER ES MITBEKOMMT.
INTISAR, ES IST SCHON SECHS UHR!
GIB MIR FÜNF MINUTEN!

ICH SOLL MEINE MUTTER ZU EINER FREUNDIN FAHREN.
ANSCHLIESSEND DREHE ICH NOCH EINE RUNDE MIT DEM AUTO.

WIR REDEN EIN ANDERMAL WEITER.
ICH HABE NOCH MEHR ÜBER MEINEN VATER ZU ERZÄHLEN.
INTISAR!
ICH KOMME SCHON ...
VERGISS NICHT DEINEN NIKAB.
NEIN, MAMA, KEINE SORGE.

3

ADNAN IST MEIN MECHANIKER.
ER HAT MEINEN KAPUTTEN SPIEGEL DURCH EINEN GEBRAUCHTEN ERSETZT.
ER IST EIN NETTER KERL, ARBEITET GUT UND IST GÜNSTIG. TROTZDEM IST ER MEIN RUIN.
SEINE WERKSTATT LIEGT GLEICH NEBEN DEM KRANKENHAUS, SODASS ICH DAS AUTO AUF DEM WEG ZUR ARBEIT HINBRINGEN UND DANACH ABHOLEN KANN.
EINFACH ZU VERLOCKEND FÜR MICH.
AN MEINEM AUTO GIBT ES IMMER ETWAS ZU SCHRAUBEN.
IMMER.

LUSTIG IST, DASS ADNAN NICHT AUTO FAHREN KANN.
WENN ER EIN AUTO REPARIERT HAT, MUSS SEIN PARTNER TESTEN, OB ES RICHTIG LÄUFT.
KLICK
MEIN BRUDER SALEH VERSPOTTET MICH UND MEINT, NIEMAND SONST HABE EINEN MECHANIKER, DER NICHT AUTO FAHREN KANN.
te amo, te amo...
...she says to me
EHRLICH GESAGT FINDE ICH DAS TOLL.
I hear the pain in her voice
then we danced...
ICH BIN WOHL DER EINZIGE MENSCH AUF DER WELT MIT EINEM CHAUFFEUR OHNE ARME UND EINEM MECHANIKER OHNE FÜHRERSCHEIN.
...underneath
the candelabra

HUUUP
she takes the lead
BIST DU BESCHEUERT ODER WAS?
that's when I saw it in her eyes...
TSS!
...it's over.
then she says te amo...
DAS IST EIN MAKKARONIGRATIN.

EIN ÄGYPTISCHER PATIENT, DEN WIR WEGEN EINES LEISTENBRUCHS OPERIERT HABEN, HAT ES AM EMPFANG FÜR MICH ABGEGEBEN. ALS DANKESCHÖN.
OFFENBAR HAT ER ES SELBST GEMACHT.
HOSPITAL
EHRLICH GESAGT MAG ICH MAKKARONI NICHT BESONDERS.
then she put her hand around me waist
MEIN LIEBLINGSGERICHT SIND POMMES FRITES.
I told her no,
she cried te amo
ALLERDINGS FINDE ICH ES ZIEMLICH ORIGINELL, MIR SO DEN HOF ZU MACHEN.
UND ES IST NICHT SCHLECHT, WENN EIN MANN KOCHEN KANN.
EXC
told her I'll never run away but let me go...

4

MEINE MUTTER IST SAUER AUF MEINEN BRUDER. ICH ABER BIN SEHR STOLZ AUF IHN.
ER HAT DIE NACHT IN EINER ZELLE VERBRACHT.
GESTERN, AUF DEM HEIMWEG VON DER ARBEIT, SAH ER EINEN UNFALL. EIN PANZER WAR VON EINEM MILITÄR-LKW GEFALLEN.
SALEH FAND DAS INTERESSANT UND MACHTE EIN FOTO MIT SEINEM HANDY.
DAS SAH EIN SOLDAT UND LIESS IHN FESTNEHMEN.
ALS ERSTES FRAGTE MAN IHN, OB „ER JEMANDEN KENNE". DAS BEDEUTET SO VIEL WIE: „HAST DU IRGENDWELCHE WICHTIGEN KONTAKTE?"
SO FUNKTIONIERT NÄMLICH DIE JUSTIZ HIER. WER KONTAKTE HAT, KANN TUN UND LASSEN, WAS ER WILL. ANSONSTEN HAT MAN NUR SCHEREREIEN.

SALEH HÄTTE NUR DEN NAMEN UNSERES VATERS SAGEN MÜSSEN UND MAN HÄTTE IHN LAUFEN LASSEN.
TAT ER ABER NICHT. ER WOLLTE WISSEN, WAS EINEM IM JEMEN PASSIERT, WENN MAN EIN FOTO VON EINEM PANZER MACHT.
ER VERBRACHTE 16 STUNDEN IN EINER ZELLE UND MUSSTE DEM WACHOFFIZIER 2.000 RIAL ZAHLEN.
ICH LIEBE SEIN GERECHTIGKEITSGEFÜHL. UND SEINE DENKWEISE.
ICH MAG ALLES AN IHM.
SALEH IST DER EINZIGE MANN, DEM ICH VERTRAUE.
WENN ICH JEMANDEN WIE IHN FÄNDE, HÄTTE ICH SOGAR NICHTS DAGEGEN ZU HEIRATEN.

5

IN EINER ZEITSCHRIFT, DIE ZU HAUSE HERUMFLOG, BIN ICH ÜBER EINEN MERKWÜRDIGEN ARTIKEL GESTOLPERT.
DARIN HEISST ES, KAMELSPRINGEN SEI EIN SPORT IM JEMEN.
DAVON HABE ICH NOCH NIE GEHÖRT.
that it will keep on going untill the end of time.

DER ARTIKEL KLINGT JEDOCH SERIÖS. DARIN STEHT, BAHADER M. KOBAISEY HABE DAS KAMELSPRINGEN VON KLEIN AUF AUSGEÜBT. SEIT 1997 IST ES ANGEBLICH PROFISPORT.
DAS IST GUT GESCHRIEBEN.
ES KLINGT, ALS OB ES WAHR WÄRE.
ALLERDINGS WEISS MAN IM JEMEN NIE GENAU, WAS WAHR IST UND WAS NICHT.

6

NA LOS, KOMM KURZ MIT REIN UND SAG HALLO.
NEIN, MAMA, DANN KOMME ICH WIEDER NICHT WEG.
IRGENDWANN LADEN SIE DICH NICHT MEHR EIN.
NÄCHSTES MAL, VERSPROCHEN. MIR IST HEUTE NICHT DANACH.
DU BRAUCHST FREUNDINNEN, KIND.
IM KRANKENHAUS HABE ICH ALLE FREUNDINNEN, DIE ICH BRAUCHE.
UND WARUM VERABREDET IHR EUCH NIE?
KÖNNT IHR DAS NICHT BLEIBEN LASSEN? MAMA, DU WEISST GENAU, DASS DU SIE NICHT ÜBERREDET BEKOMMST. WIR SIND SOWIESO SCHON EINEINHALB STUNDEN ZU SPÄT.
BAMM
WAS HAST DU VOR?
NACHFRAGEN, OB DIE GARDINEN FERTIG SIND. RUF MICH AN, WENN ICH EUCH ABHOLEN SOLL.
ICH HAB DICH LIEB, MEIN KIND. RÜCK DEINEN NIKAB ZURECHT, MAN SIEHT DEINE AUGENBRAUEN.

DEN NIKAB SO ANZUZIEHEN, DASS MAN DIE AUGENBRAUEN NICHT SIEHT, HAT NICHTS MIT RELIGION ZU TUN. ES IST EINE FRAGE DER ÄSTHETIK. SIEHT SONST BLÖD AUS.
KLICK
te amo, te amo...
EIGENTLICH HAT DER NIKAB NICHTS MIT RELIGION ZU TUN. ER IST EINE MODERNE ERFINDUNG, EIN GESCHENK DER SAUDIS.
...she says to me
IM KORAN STEHT NIRGENDWO ETWAS DAVON, DASS WIR UNSER GESICHT BEDECKEN MÜSSEN.
PIEP PIEP
I hear the pain in her voice
then we danced underneath the candelabra
PUH ...
she takes the lead
ICH KENNE KEINE FRAU, DIE DEN NIKAB AUS ÜBERZEUGUNG TRÄGT.
that's when I saw it in her eyes
it's over

MANCHE WERDEN VON IHREN VÄTERN ODER EHEMÄNNERN DAZU GEZWUNGEN.
DIE MEISTEN ABER TRAGEN IHN, UM AUF DER STRASSE NICHT BELÄSTIGT ZU WERDEN.
WENN DU IHN NICHT TRÄGST, HALTEN DICH MANCHE MÄNNER FÜR EIN FLITTCHEN UND MACHEN DICH AN.
ANDERE BESCHIMPFEN DICH … ZIEMLICH UNANGENEHM.
DESHALB FÜHLEN SICH DIE FRAUEN MIT NIKAB FREIER. SO KÖNNEN SIE HERUMLAUFEN, OHNE BELÄSTIGT ZU WERDEN.
told her I'll never run away but let me go
ES LÄSST SICH NICHT BESTREITEN, DASS DER NIKAB GEWISSE VORTEILE HAT. MIT IHM KANNST DU DINGE TUN, OHNE DASS JEMAND DAVON ERFÄHRT.
WER SOLL DICH SCHON ERKENNEN, WENN DU RUMLÄUFST WIE EIN NINJA?

MIT SECHZEHN WOLLTE MEINE BESTE FREUNDIN AMINA HERAUSFINDEN, WIE VIEL DIE FRAUEN VERDIENEN, DIE AUF DER STRASSE BETTELN GEHEN.
but I saw it in her eyes...
WIE KONNTE SIE MICH NUR ÜBERREDEN ...?
...without asking why
I said te amo, somebody tell me what she said
WIR ZOGEN ALTE ABAYAS AN UND STELLTEN UNS AN EINE KREUZUNG.
ES WAR DER HAMMER! WIR VERDIENTEN 4.000 RIAL AN EINEM TAG – JEDE VON UNS!
NATÜRLICH TATEN WIR ES WIEDER ...
... UND IMMER WIEDER.
DREI WOCHEN LANG.

VON DEM GELD KAUFTEN WIR UNS KLAMOTTEN. DAS WAR KLASSE.
ABER AM MEISTEN REIZTE UNS DIE GEFAHR. IN SANAA KANN MAN NICHTS AUFREGENDES UNTERNEHMEN.
I told her no
EINES TAGES NÄHERTE SICH AMINA EINEM AUTO UND SAH IHREN COUSIN AM STEUER SITZEN.
ZUM GLÜCK ERKANNTE ER SIE NICHT.
ICH MAG MIR GAR NICHT AUSMALEN, WIE UNSERE ELTERN REAGIERT HÄTTEN.
WIR WAREN LEICHTSINNIG.

ES HEISST, MANCHE FRAUEN WÜRDEN DEN NIKAB BENUTZEN, UM EHEBRUCH ZU BEGEHEN.
she cried te amo...
ICH WEISS JEDOCH NICHT, OB DAS STIMMT. ICH KENNE KEINEN SOLCHEN FALL.
...told her I'll never run away but let me go
ICH BENUTZE DEN NIKAB NUR BEIM AUTOFAHREN.
but I saw it her eyes without asking why
WENN DAS MEIN VATER WÜSSTE! ER WÜRDE MIR DEN KOPF ABREISSEN. ER WEISS NÄMLICH GAR NICHT, DASS ICH EIN AUTO HABE.
I said te amo, somebody tell me what she said
ER WEISS NICHT MAL, DASS ICH EINEN FÜHRERSCHEIN HABE.
don't it mean I love you
HABE ICH SCHON ERZÄHLT, WIE ICH MEINEN FÜHRERSCHEIN BEKOMMEN HABE? DIE GESCHICHTE IST TOLL ...
I think it means I love you

ICH LIEH MIR DAS AUTO VON EINER FREUNDIN MEINER SCHWESTER UND FUHR ZUM AMT, DAS DIE FÜHRER-SCHEINE AUSSTELLT.
don't it mean I love you
DORT EMPFING MICH EIN TYPISCHER BEAMTER.
BIST DU MIT DEM AUTO DA?
JA.
WAS FÜR EIN AUTO?
DAS DORT DRÜBEN.
ZEIG MIR MAL DIE SCHLÜSSEL.
ICH ZEIGTE IHM DIE SCHLÜSSEL UND DAS WAR ALLES.
ICH ZAHLTE UND VER-LIESS DAS AMT MIT EINEM NAGELNEUEN FÜHRERSCHEIN IN DER TASCHE.
PIEP PIEP
yes we can dance, but you gotta watch your hands
DAS IST BESTIMMT WIEDER DIESER LÄSTIGE ÄGYPTER.
watch me all night,

ICH HABE IHM EINE SMS GESCHICKT, UM MICH FÜR DIE MAKKARONI ZU BEDANKEN. JETZT KRIEGE ICH RUND UM DIE UHR NACHRICHTEN VON IHM.
I'm movin to the vibe because I understand...
SO EINE NERVENSÄGE!
...that we all need love
SCHON VOR DER OPERATION FIEL MIR AUF, DASS ER PAUSENLOS QUATSCHTE.
ICH DACHTE, ER WÄRE NERVÖS.
MITTLERWEILE VERMUTE ICH, DASS ER IMMER SO IST.
ALLERDINGS ... DIE MAKKARONI, DIE WAREN GAR NICHT ÜBEL.
she cried te amo, told her I'll never run away but let me go

7

KLING
ZIPP
ZIPP
ZIPP
ZIPP
ZIPP
KACKE!

IST WAS MIT DIR?
NEIN. HAST DU MAL FEUER?
UNTEN ... ABER DA LIEGEN DOCH ZWEI FEUERZEUGE AUF DEM TISCH.
WAS WILLST DU?
MEINE ZIGARETTEN SIND ALLE.
NIMM DIR DAS PÄCKCHEN. ICH HAB NOCH EINS IM ZIMMER.
ZIPP
DANKE. WENN ICH RAUS-GEHE, KAUF ICH DIR NEUE.
SCHON OKAY.
WILLST DU MIR NICHT ERZÄHLEN, WAS DU HAST?
ICH HABE EINEN SCHLECHTEN TAG. NICHTS WEITER.

DU BIST MIT EINEM TYPEN UM DIE WETTE GEFAHREN UND HAST VERLOREN, STIMMT'S?
NEIN, ICH BIN MIT NIEMANDEM UM DIE WETTE GEFAHREN.
WENN DU ES WIRKLICH WISSEN WILLST: HEUTE IST IM OP FAST EIN KIND GESTORBEN.
OKAY, TUT MIR LEID.
Vogue
menthol
ICH KAUF DIR NACHHER ZIGARETTEN.
MUSST DU NICHT, HAB ICH DOCH GESAGT!

DAS MIT DEM KIND STIMMT.
EINEN MOMENT HATTEN WIR BEFÜRCHTET, ES HÄTTE EINEN HERZINFARKT.
DAS WAR VIELLEICHT EIN SCHRECK ... ZUM GLÜCK WAR ES FALSCHER ALARM.
UND WÄRE DAS TAXI NICHT GEWESEN, HÄTTE MICH DER IDIOT IN DEM LAND CRUISER AUCH NICHT BESIEGT.

8

WENN EINE FRAU IM JEMEN ZIGARETTEN RAUCHT, GILT SIE ALS HURE.
ZIPP
DESHALB KOMMEN EINIGE KOLLEGINNEN UND ICH ZUM RAUCHEN HIERHER.
EINE KRANKENSCHWESTER AUS DER NACHTSCHICHT HAT UNS DIE SCHLÜSSEL BESORGT.
CHAK
WIR LEGEN SIE AN DER STATIONSTHEKE DER TRAUMATOLOGIE AB.
ICH WEISS NICHT, WOFÜR DIESES BÜRO DA IST. ANGEBLICH WAR ES FÜR EINEN LIBANESISCHEN KINDERARZT GEDACHT, DEN MAN DOCH NICHT EINSTELLTE.
JEDENFALLS IST ES EIN SEGEN.
ICH MUSS NACH JEDER OPERATION EINE ZIGARETTE RAUCHEN.

UND? WILLST DU ES MIR NICHT ERZÄHLEN?
WAS DENN?
ACH KOMM! ICH HABE DEN ROSENSTRAUSS IM PAPIERKORB GESEHEN. DEIN NAME WAR PER HAND AUF DIE BLÜTENBLÄTTER GESCHRIEBEN ... IN SCHÖNSCHRIFT.
ICH BIN NICHT DIE EINZIGE INTISAR IM KRANKENHAUS.
ABER DIE EINZIGE AUF UNSERER STATION. DAS WAR DER ÄGYPTER MIT DEM LEISTENBRUCH, RICHTIG?
ER SAH GUT AUS UND SCHIEN GELD ZU HABEN. UND DEINEN NAMEN AUF DIE BLÄTTER ZU SCHREIBEN FINDE ICH SEHR ROMANTISCH.
ICH FINDE, DASS NUR EIN PSYCHOPATH SO WAS TUT. UND NERVIG IST ER AUCH.
DU SOLLTEST IHM EINE CHANCE GEBEN.
NEIN, DANKE. DA BLEIBE ICH LIEBER LEDIG.

VERHEIRATET ZU SEIN IST GAR NICHT SO ÜBEL.
DU BIST GESCHIEDEN UND HAST ZWEI TÖCHTER, DAZU EINEN EX, DER DEN GANZEN TAG KAT KAUT UND VOR DER PLAYSTATION HOCKT. WIE LANGE SCHICKT ER DIR JETZT KEIN GELD MEHR?
ICH HATTE PECH, INTISAR.
TJA, GENAU WIE ALLE MEINE FREUNDINNEN.
DU ÜBERTREIBST. AUSSERDEM IST DEINER WENIGSTENS KEIN JEMENIT.
PIEP
Vogue
WIR MÜSSEN UNS FERTIG MACHEN.
ICH KOMME IN FÜNF MINUTEN, JA?
PIEP

DU WIRST SCHON SEHEN, SIE BLEIBT STANDHAFT.
HOFFENTLICH.
DU HAST MIR GAR NICHT GESAGT, WIE DIE MAKKARONI GESCHMECKT HABEN.
WER HAT DIR DENN VON DEN MAKKARONI ERZÄHLT?
DAS WISSEN DOCH ALLE, INTISAR. ER HAT SIE AN DER REZEPTION ABGEGEBEN.
IHR SEID SOLCHE TRATSCHEN.
DU HÄTTEST NATÜRLICH NICHT NACHGEFRAGT, WENN MIR JEMAND EIN MAKKARONIGRATIN GEBRACHT HÄTTE, WAS?
WEISST DU, FÜR MICH HAT NOCH NIE EIN MANN GEKOCHT.
KLACK

DAS MÄDCHEN DORT IST IN DIESEN TAGEN MEINE KLEINE HELDIN.
UND MEINE HOFFNUNG DARAUF, DASS SICH IN DIESEM LAND ETWAS VERÄNDERN LÄSST.
JEDEN MITTAG KOMMT GEGEN ZWÖLF EIN LIEFERWAGEN UND NIMMT SIE MIT ZUR SCHULE.
SIE WARTET IMMER AN DER GLEICHEN ECKE.
MIT IHREN ZWEI KLEINEN GESCHWISTERN IST SIE IMMER ZEHN MINUTEN FRÜHER DA.

WÄHREND SIE WARTET, SPIELT SIE MIT DEN BEIDEN, OHNE JEDOCH DIE STRASSE AUS DEN AUGEN ZU VERLIEREN. IMMER WIEDER GEHT SIE ANS ENDE ZURÜCK UND GUCKT SICH UM.
JE SPÄTER ES WIRD, DESTO MEHR STEIGT IHRE ANSPANNUNG.
DER LIEFERWAGEN KOMMT IMMER EIN PAAR MINUTEN ZU SPÄT UND HUPT WICHTIGTUERISCH.
FRÜHER RANNTE MEINE KLEINE HELDIN IMMER BLITZSCHNELL HIN.
ABER DER BLÖDE FAHRER HIELT MEIST NICHT AN, SONDERN FUHR WEITER ZUR NÄCHSTEN ECKE, WO ZWEI ANDERE MÄDCHEN WARTETEN.
TRÖÖT
TRÖÖT
TRÖÖT
TRÖÖT
TRÖÖT
MEINE KLEINE HELDIN MUSSTE EINEN GANZEN BLOCK LANG HINTERHERRENNEN.
TRÖÖT
TRÖÖÖT
MAN SAH, DASS SIE ANGST HATTE, EINFACH AM STRASSENRAND STEHEN GELASSEN ZU WERDEN.
TRÖÖÖT

BEIM ANBLICK DIESER SZENE WURDE MIR GANZ ANDERS.
ICH WOLLTE SCHON EINSCHREITEN.
SOLLTE ICH DEM MÄDCHEN EINEN RAT GEBEN? ODER MIR DEN FAHRER VORKNÖPFEN?
JEDENFALLS KONNTE ICH NICHT TATENLOS ZUGUCKEN.
Vogue
PIEP
DANN, VOR ETWA EINEM MONAT - BEVOR ICH MICH EINMISCHEN KONNTE - RANNTE MEINE KLEINE HELDIN DEM LIEFER-WAGEN NICHT MEHR HINTERHER. SIE BLIEB EIN-FACH AN DER ECKE SITZEN. GANZ WÜRDEVOLL.
DER LIEFERWAGEN FUHR HUPEND AN IHR VORBEI.
Vogue
PIEP
DOCH SIE BLIEB EISERN UND WAR-TETE REGUNGS-LOS. SO ZWANG SIE IHN, UMZU-DREHEN UND SIE MITZUNEHMEN.

SIE HAT NIE WIEDER NACHGEGEBEN.
WENN ICH KANN, BEOBACHTE ICH SEITDEM UM ZWÖLF UHR VOM FENSTER AUS IHRE REAKTION UND BETE, DASS SIE DURCHHÄLT.
TRÖÖT
DA KOMMT DER IDIOT.
TRÖÖT
TRÖÖT
TRÖÖT
TRÖÖÖT
TRÖÖÖTT

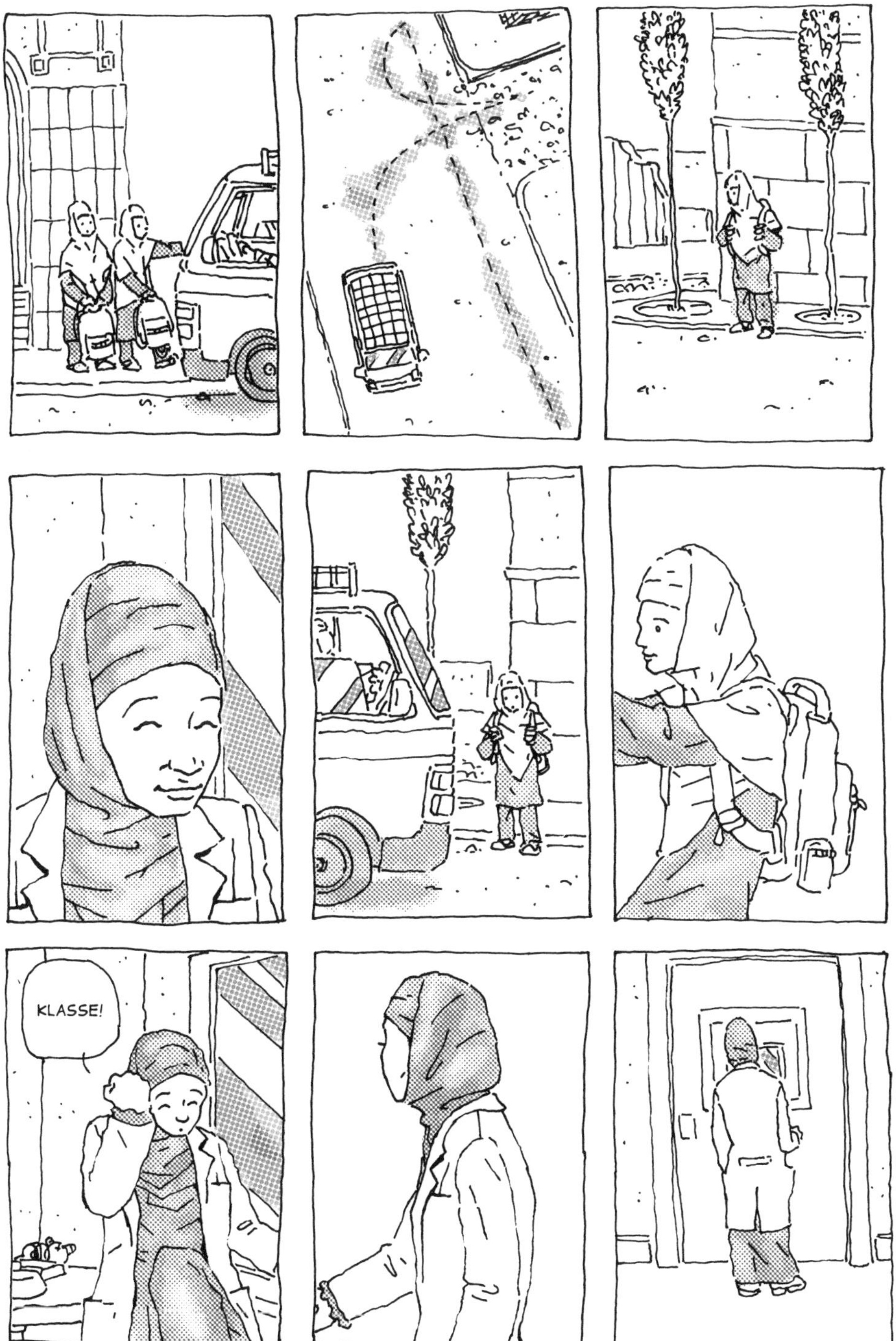
KLASSE!

KLACK
KLING
AN MANCHEN TAGEN BIN ICH EINFACH OPTIMISTISCH.
UND ES STIMMT. WENIGSTENS IST ER KEIN JEMENIT.

9

ICH BIN SAUER.
MEINE FREUNDIN WOLLTE AM MITTWOCH ANREISEN, UM IHRE FAMILIE ZU BESUCHEN. GANZE ZWEI WOCHEN WOLLTE SIE BLEIBEN.
ABER WEGEN DES MISSGLÜCKTEN FLUGZEUGATTENTATS VON DETROIT WURDEN ALLE DIREKTFLÜGE ZWISCHEN LONDON UND SANAA GECANCELT.
DIE FLUGGESELLSCHAFT HAT ZWAR ALTERNATIVFLÜGE ANGEBOTEN, ABER DIE FIELEN NICHT IN AMINAS URLAUBSZEIT.
انتصار
ALSO MUSSTE SIE DIE REISE VERSCHIEBEN.
WIE UNGERECHT.
TAPP
TAPP
WIR HABEN UNS SCHON SEIT ÜBER EINEINHALB JAHREN NICHT MEHR GESEHEN.

EIN NIGERIANER STEIGT IN AMSTERDAM MIT EINER BOMBE INS FLUGZEUG UND DIE BRITISCHE REGIERUNG BESCHLIESST, DIE DIREKTFLÜGE ZWISCHEN LONDON UND SANAA ZU CANCELN.
WAS FÜR EINE LOGIK!
KLACK
NICHTS FÜR UNGUT, ABER WENN DER TERRORIST TATSÄCHLICH HIER AUSGEBILDET WURDE …
… UND DAS ATTENTAT DERART IN DIE HOSE GING …
… DANN SOLLTE MAN VIELLEICHT BESSER ALLE TERRORISTEN ANIMIEREN, EIN AUSBILDUNGSLAGER IM JEMEN ZU BESUCHEN, STATT DIREKTFLÜGE ZU CANCELN.

10

WAU
WAU
WAU
DIE NACHT GEHÖRT DEN HUNDEN.
WAU
SIE KOMMEN DANN RAUS, UM ZU FRESSEN.
WUAU
TAGSÜBER SCHLAFEN SIE AUF DEM FREIEN FELD, IMMER IN RUDELN.
DAS HUNDELEBEN IN SANAA IST HART. SEHR HART.
HUNDE WERDEN VON ALLEN SCHLECHT BEHANDELT, NICHT NUR VON KINDERN.
HUUUP
SOGAR DIE KATZEN SIND AGGRESSIVER ALS SIE.
FFSSS

MEINE SCHWESTER HAT MIR MAL EINE GESCHICHTE ÜBER EINEN HUND ERZÄHLT.
WAU
WAU
PASSIERT IST SIE DEM VATER EINER BEKANNTEN.
DER MANN HATTE EINE HERZSCHWÄCHE UND SEIN ARZT SAGTE, ER BRAUCHE MEHR BEWEGUNG.
ALSO BESCHLOSS ER, MORGENS ZUR ARBEIT ZU LAUFEN.
DER MANN GING GERNE FRÜH INS BÜRO, UM EIN PAAR STUNDEN UNGESTÖRT ARBEITEN ZU KÖNNEN.
DESHALB VERLIESS ER DAS HAUS IMMER MORGENS UM HALB FÜNF.
WAU
WAU
ER GING IMMER DEN GLEICHEN WEG.
WAU
WAU

EINES TAGES TRAF ER AN EINER ECKE AUF EINEN HUND.
DER HUND TAT SO, ALS HÄTTE ER AUF IHN GEWARTET. ER TROTTETE NEBEN IHM HER UND BEGLEITETE IHN EINE HALBE STUNDE LANG BIS ZUM BÜRO.
VON DA AN WARTETE DER HUND JEDEN MORGEN AN DER GLEICHEN ECKE. TAG FÜR TAG.
UND IMMER BEGLEITETE ER DEN MANN ZUR ARBEIT.

DER MANN FAND BALD HERAUS, WESHALB SICH DER HUND SO VERHIELT.
ER NUTZTE DEN SPAZIERGANG, UM AUF DEM WEG NACH FUTTER ZU SUCHEN.
SOBALD EIN GEGNERISCHES RUDEL AUFTAUCHTE, LIEF ER DICHT NEBEN DEM MANN HER.
DIE ANDEREN HUNDE SAHEN DEN MANN UND TRAUTEN SICH NICHT ANZUGREIFEN.
MIT DER ZEIT GEWANN ER DEN HUND LIEB ...
GRRR
GRRR
... UND SIE WURDEN FREUNDE.
ALLEIN IN DER STADT ZU ÜBERLEBEN IST NICHT LEICHT FÜR EINEN HUND. DOCH DIESER WAR LISTIG.

ER FAND EINEN WEG, DAS REVIER ANDERER HUNDE ZU BETRETEN, OHNE SICH IN GEFAHR BEGEBEN ODER SEINE FREIHEIT AUFGEBEN ZU MÜSSEN.
EINES MORGENS, ALS DER MANN ZU DER ECKE KAM, LAG DER HUND TOT DA. EIN AUTO HATTE IHN ÜBERFAHREN.
DER MANN GING NIE WIEDER ZU FUSS ZUM BÜRO.

MANCHMAL FÜHLE ICH MICH WIE DIESER HUND.
WAU
WAU
DANN DENKE ICH, DASS MEINE STÄRKE, MEINE SELBSTSICHERHEIT UND MEIN VERTRAUEN DARAUF, MICH DURCHZUSCHLAGEN, NICHTS ALS ILLUSIONEN SIND.
GUAU
DASS IN DIESEM LAND NIEMAND MIT SEINEN EIGENEN REGELN ÜBERLEBEN KANN.
WAU
UND DASS ICH IRGENDWANN AUCH SO ENDEN WERDE.
WAU
WAU
WAU
WAU
WAU
WAU

11

HINTER MIR LIEGEN ZWEI SCHLIMME WOCHEN.
MEIN VATER HAT MICH GEZWUNGEN, MEINEN JOB IM KRANKENHAUS AUFZUGEBEN.
SCHULD DARAN IST ALLEIN MEIN BESCHEUERTER STIEFBRUDER.
ER IST ERST ZWANZIG, ABER ER FÜHRT SICH AUF WIE EIN SCHEICH. ER MEINT, ER MÜSSE ALLEN SAGEN, WAS SIE ZU TUN UND ZU LASSEN HABEN.
AM SCHLIMMSTEN IST, DASS ER STROHDUMM IST.
EIN STROHDUMMER, UNNÜTZER, ARROGANTER FETTARSCH.
ER HAT ES GESCHAFFT, VON ZWEI UNIVERSITÄTEN ZU FLIEGEN. UND DAS, OBWOHL MEIN VATER EINEN HAUFEN GELD HAT!

DIESER IDIOT BESCHWERT SICH STÄNDIG BEI MEINEM VATER, DASS MEINE SCHWESTER UND ICH IHN NICHT RESPEKTIEREN.
DEN RESPEKTIEREN? PAH!
DIE MÄNNER SAGEN IMMER, SIE WOLLEN VON UNS RESPEKTIERT WERDEN. ABER DAS IST GELOGEN. HÄTTEN SIE UNSEREN RESPEKT VERDIENT, WÜRDEN WIR OHNE ZU ZÖGERN AUF SIE HÖREN.
ALLERDINGS MÜSSTEN SIE SICH DANN ANSTRENGEN …
… UND ZU ANSTRENGUNGEN SIND SIE NICHT BEREIT.
SIE WOLLEN, DASS WIR IHNEN GEHORCHEN. DASS WIR SIE FÜRCHTEN.
ABER FURCHT HAT NICHTS MIT RESPEKT ZU TUN.

ABER LASST MICH DIE SACHE MIT MEINEM STIEFBRUDER ERZÄHLEN.
LETZTE WOCHE ERZÄHLTE IHM EIN FREUND, EIN MÄDCHEN AUS DEM KRANKENHAUS ARBEITE NACHTS ALS BAUCHTÄNZERIN IM MÖVENPICK ...
... UND SIE WÜRDE INTISAR HEISSEN.
MEIN BRUDER BESCHLOSS, DASS ICH DAS WAR. EINFACH SO. ER DACHTE NICHT DARAN, ES ZU ÜBERPRÜFEN.
MÖVENPICK
ICH SAGE JA, DASS ER STROHDUMM IST.
ER ERZÄHLTE MEINEM VATER DAVON.
DEN HÄTTE FAST DER SCHLAG GETROFFEN. WÜTEND RIEF ER MICH AN.

ALS SEIN GESCHREI NACHLIESS UND ER MIR ZUHÖRTE, KONNTE ICH IHM KLARMACHEN, DASS ES SICH UM EINE KRANKENSCHWESTER NAMENS INTISAR HANDELTE.
DAS BERUHIGTE IHN EIN WENIG.
TROTZDEM BESTAND ER DARAUF, DASS ICH MEINE ARBEIT SOFORT KÜNDIGTE.
DENN WENN SICH MEIN STIEFBRUDER IRRTE UND ANNAHM, ICH SEI DIE BAUCHTÄNZERIN IM MÖVENPICK …
… DANN KÖNNTE DAS AUCH ANDEREN PASSIEREN.
UND DAS WÄRE EIN DIREKTER ANGRIFF AUF DIE FAMILIENEHRE.
AUF SEINEN GUTEN NAMEN.

ICH VERSUCHTE NICHT, IHN ZU ÜBERZEUGEN, WIE STUR UND UNGERECHT SEINE ÜBERLEGUNGEN WAREN. DAS HÄTTE IHN NUR NOCH MEHR AUFGEBRACHT.
ICH SPIELTE DIE SCHWACHE FRAU UND BETTELTE IHN MIT WEINERLICHER STIMME AN, MICH WEITERARBEITEN ZU LASSEN.
DOCH DIESE DEMÜTIGUNG NUTZTE NICHTS.
ZWEI TAGE SPÄTER VERSUCHTE ES SALEH.
ER KAUTE EINEN GANZEN NACHMITTAG LANG MIT VATER KAT UND VERSUCHTE, IHN ZU ÜBERREDEN. VERGEBLICH.
DER GROSSE MANN HATTE SEINE ENTSCHEIDUNG GETROFFEN.

AM ENDE RETTETE MICH, DASS DIE ANDERE INTISAR DAS KRANKENHAUS VERLIESS.
SIE HATTE PROBLEME MIT EINEM ARZT UND VERDIENTE MIT BAUCHTANZ MEHR GELD ALS IM KRANKENHAUS.
ALSO KÜNDIGTE SIE.
NUR DESHALB KONNTE ICH MEINEN JOB BEHALTEN.
DAS HASSE ICH HIER SO DARAN, EINE FRAU ZU SEIN.
WIR KÖNNEN UNS NIE IRGENDEINER SACHE SICHER SEIN.

ALLES KANN SICH VON EINEM TAG AUF DEN ANDEREN ÄNDERN. GANZ PLÖTZLICH UND OHNE TRIFTIGEN GRUND.
NOCH SO EIN KOLLER MEINES VATERS UND ICH MUSS MEINE ARBEIT AUFGEBEN.
ICH HASSE ES, DEN LAUNEN DER MÄNNER UNTERWORFEN ZU SEIN. UND WIE ICH DAS HASSE!
UND ICH HASSE MEINEN VATER!
ICH HASSE UND VERACHTE IHN VON GANZEM HERZEN. ER IST EIN HEUCHLER.
DIE EHRE, DIE ER IMMER VOLLMUNDIG PREIST UND FÜR DIE ER ZU TÖTEN BEREIT WÄRE, HAT KEINEN WERT.
SCHON VOR JAHREN HABE ICH HERAUSGEFUNDEN, WAS ER UNTER EHRE VERSTEHT.

ICH WAR IMMER EINE GUTE SCHÜLERIN.
DIE MITTLERE REIFE SCHLOSS ICH ALS JAHRGANGSBESTE AB.
ICH HÄTTE MIR EIN STIPENDIUM AUSSUCHEN UND IM AUSLAND STUDIEREN KÖNNEN.
ABER MEIN VATER ERLAUBTE ES MIR NICHT.
ICH GAB NICHT AUF.
HOFFNUNGSVOLL BLICKTE ICH MEINER ZUKUNFT ENTGEGEN. ICH WOLLTE EINE BESSERE AUSBILDUNG ALS DIE, DIE MIR IM JEMEN GEBOTEN WURDE.
AUFGEBEN KAM NICHT INFRAGE.

ICH BRAUCHTE ZWEI JAHRE, UM IHN ZU ÜBERZEUGEN, MICH IN DAMASKUS STUDIEREN ZU LASSEN.
ICH RIEF IHN EIN- BIS ZWEIMAL PRO WOCHE AN UND BETTELTE EINE HALBE STUNDE LANG AM TELEFON.
ICH SCHLOSS MICH IN MEINEM ZIMMER EIN, DENN JEDES NEUE NEIN LIESS MICH IN TRÄNEN AUSBRECHEN. UND ICH MAG ES NICHT, VOR MEINER FAMILIE ZU WEINEN.
ÜBERHAUPT WEINE ICH NICHT GERN VOR ANDEREN.
SCHLIESSLICH GAB MEIN VATER NACH. ER WAR ES WOHL LEID.
ALLERDINGS STELLTE ER ZWEI BEDINGUNGEN. ICH DURFTE NUR ÄRZTIN ODER LEHRERIN WERDEN.
FÜR EINE JEMENITIN SIND DAS DIE EINZIGEN BERUFE, DIE SICH GEHÖREN.

DIE ANDERE BEDINGUNG WAR, DASS ICH VOM FLUGHAFEN IN ADEN NACH DAMASKUS FLIEGEN SOLLTE, NICHT VON SANAA AUS.
DA VERSTAND ICH, DASS MEINEM VATER EGAL WAR, OB ICH IM AUSLAND STUDIERTE ODER NICHT. IHN BEUNRUHIGTE BLOSS, DASS DIE LEUTE DAVON ERFAHREN KÖNNTEN.
DIE EHRE HING ALSO NICHT VON MIR AB, NICHT VON DEM, WAS ICH TAT ODER NICHT TAT ...
SIE HING DAVON AB, WAS DIE ANDEREN HÄTTEN SAGEN KÖNNEN.
ICH HABE ZWEI JAHRE MEINES LEBENS VERGEUDET, WEIL DIESER SCHEISSKERL DAS GESCHWÄTZ DER LEUTE FÜRCHTET.
ICH BIN DANN AB SANAA GEFLOGEN, WAS DENKT IHR DENN?

12

MEIN PASS WAR NOCH DREI MONATE LANG GÜLTIG.
DOCH NACHDEM MIR MEIN VATER SO VIEL ÄRGER GEMACHT HATTE, HIELT ICH ES FÜR SINNVOLL, IHN VORSICHTSHALBER JETZT SCHON ZU ERNEUERN.
SALEH MUSSTE MICH BEGLEITEN.
IM JEMEN SIND WIR FRAUEN VON EINEM WALI ABHÄNGIG. DABEI HANDELT ES SICH MEISTENS UM EINEN MANN AUS DER FAMILIE: EHEMANN, VATER, BRUDER, ONKEL … WER AUCH IMMER.
WALI BEDEUTET „BETREUER" UND SEINE FUNKTION LÄSST SICH LEICHT ERAHNEN. ER GESTATTET ES UNS, DINGE ZU TUN.
FÜR ALLES BRAUCHEN WIR SEINE ZUSTIMMUNG.
WIR FRAUEN WERDEN HIER WIE MINDERJÄHRIGE BEHANDELT.

OHNE DIE BEGLEITUNG VON SALEH HÄTTE MAN MIR DEN PASS NICHT GEGEBEN.
ICH FINDE ES UNLOGISCH, DASS ICH DIE ERLAUBNIS MEINES KLEINEN BRUDERS BRAUCHE, UM MEINEN PASS ZU ERNEUERN.
ES GIBT NOCH SCHLIMMERE BEISPIELE.
DIE MUTTER EINER FREUNDIN WAR SEIT JAHREN GESCHIEDEN UND WOLLTE WIEDER HEIRATEN.
DIE MÄNNER IN IHRER FAMILIE HIELTEN DAS FÜR EINE ALBERNE LAUNE UND ERLAUBTEN ES NICHT.
WAS FÜR SCHEISSKERLE!!
AM ENDE WAR ES IHR SIEBZEHNJÄHRIGER SOHN, DER DIE ERLAUBNIS UNTERSCHRIEB. NUR SO KONNTE SIE HEIRATEN.

DAS IST EINFACH ERNIEDRIGEND.
RIPP
WAS IST?
NICHTS ... GIB MIR AUCH EINE.
ICH WEISS, ES IST UNGERECHT, MEINE LAUNE AN MEINEM BRUDER AUSZULASSEN.
WENN ER NICHT WÄRE, MÜSSTEN WIR BEI MEINEM ONKEL LEBEN. ODER BEI MEINEM VATER.
SALEH HAT ES AUCH NICHT LEICHT.

ER IST ERST EINUNDZWANZIG UND VERANTWORTLICH FÜR ALLES, WAS WIR FRAUEN IN DER FAMILIE TUN - EINSCHLIESSLICH MEINER MUTTER.
ER KENNT UNS GUT UND WEISS, DASS WIR KEINE DUMMHEITEN ANSTELLEN. DESHALB GEWÄHRT ER UNS FREIHEIT.
DOCH DAMIT RISKIERT ER VIEL.
WÜSSTE MEIN VATER AUCH NUR DIE HÄLFTE VON DEM, WAS WIR TUN, DANN BEKÄME SALEH PRÜGEL. ODER SCHLIMMERES.
FUNCITY
WIESO HÄLTST DU HIER?
ICH WILL EINE RUNDE BOWLEN.
ICH NICHT.
TJA, DA MUSST DU DURCH.

WILLKOMMEN IN „NINJA TOWN“.
ICH WEISS GENAU, WAS ER VORHAT.
ER WEISS, DASS ICH WEGEN DER GESCHICHTE MIT DEM PASS SAUER BIN, UND WILL MIR DIE CHANCE GEBEN, EINEN MANN IN EINER SACHE ZU SCHLAGEN.
MIT SOLCHEN SPIELCHEN BRINGT ER MICH ZU WEISSGLUT. ES IST, ALS WOLLE ER MICH FÜR DUMM VERKAUFEN. ALS HIELTE ER MICH TATSÄCHLICH FÜR EIN KLEINES MÄDCHEN.

WER VERLIERT, MACHT FÜR DEN ANDEREN EINE PORTION POMMES UND SCHAUT IHM BEIM ESSEN ZU.
ALLERDINGS MUSS ICH ZUGEBEN, DASS MICH NIEMAND SO GUT KENNT WIE ER.
BAMM
DANN FANG SCHON MAL AN, KARTOFFELN ZU SCHÄLEN, BRÜDERCHEN!

13

BEI ALL DEM TRUBEL DER LETZTEN WOCHEN HABE ICH GAR NICHT ERZÄHLT, DASS DER ÄGYPTER GESCHICHTE IST.
DER TYP HAT EINE BEKANNTE ZU MIR INS KRANKENHAUS GESCHICKT.
WAHRSCHEINLICH SOLLTE SIE MIR KLARMACHEN, WAS FÜR EINE GUTE PARTIE ER ANGEBLICH IST. SIE QUATSCHTE MICH ABER NUR VOLL.
DABEI WAR SIE SOGAR NOCH NERVIGER ALS ER.
ER SETZTE AM SELBEN TAG NOCH EINEN DRAUF UND HIELT PER SMS UM MEINE HAND AN.
SO EIN TROTTEL.
NA JA, LEICHT HATTE ES DER ARME WIRKLICH NICHT.

ICH WAR SCHON IMMER DER ANSICHT, DASS DIE EHE NICHTS FÜR MICH IST.
SELBST WENN ICH WOLLTE, ICH KÖNNTE KEINEM MANN VERTRAUEN.
ALLEINE BIN ICH BESSER DRAN.
ALS ICH VOR SECHS MONATEN IM KRANKENHAUS ANFING, ERZÄHLTE ICH ALLEN, ICH WÄRE VERHEIRATET UND HÄTTE ZWEI KINDER.
IM JEMEN GEHÖRT ES ZUR IDENTITÄT EINER FRAU, MUTTER UND EHEFRAU ZU SEIN.
LEDIGE FRAUEN WIE ICH GELTEN ALS UNVOLLKOMMEN UND BEDAUERNSWERT.

AM SCHLIMMSTEN IST, DASS MAN UNS IMMER SOFORT VERKUPPELN WILL. SCHRECKLICH.
DAS IST MIR IN DER KLINIK PASSIERT, IN DER ICH NACH MEINER RÜCKKEHR AUS DAMASKUS GEARBEITET HABE.
DESHALB ERFAND ICH DIE ZWEI KINDER. DAMIT ICH IN RUHE GELASSEN WERDE.
ABER EINIGE KOLLEGINNEN SCHÖPFTEN VERDACHT. SIE FANDEN, ICH WÜRDE MICH NICHT WIE EINE VERHEIRATETE FRAU ANZIEHEN UND MICH AUCH NICHT SO BEWEGEN.
ANSCHEINEND GIBT ES FRAUEN, DIE UNS SINGLES AM GANG ERKENNEN.
ALSO LIEH ICH MIR VON EINER FREUNDIN ZWEI KINDER AUS UND BRACHTE SIE MIT INS KRANKENHAUS.
ICH HATTE IHNEN EINGEBLÄUT, MICH „MAMI“ ZU NENNEN.

ALLES LIEF WIE AM SCHNÜRCHEN.
ICH SPIELTE MEINE ROLLE SO GUT, FAST HATTE ICH MUTTERGEFÜHLE.
ABER ALS WIR GEHEN WOLLTEN, ZOG MICH DER KLEINE AN DER ABAYA.
WAS WILLST DU, MEIN SCHATZ?
INTISAR, WARUM SOLLEN WIR „MAMI" ZU DIR SAGEN?
MANN, WAR DAS PEINLICH!
DIE SACHE LIEF NICHT WIE GEPLANT …
… ABER AUCH NICHT WIRKLICH SCHLECHT.
SEITDEM HAT NIEMAND MEHR VERSUCHT, MICH ZU VERKUPPELN.

14

HEUTE WAR EIN WIRKLICH TOLLER TAG.
MEINE SCHWESTER HAT MICH ÜBERREDET, AUF EINE PARTY MITZUKOMMEN.
DIE WAR NICHT VIEL ANDERS ALS ANDERE PARTYS.
ALLERDINGS WAR ICH GUT DRAUF UND HABE SOGAR GETANZT.
DAS BESTE KAM AM SCHLUSS, ALS FAST ALLE GÄSTE GEGANGEN WAREN.
DA REDETEN WIR ÜBER MÄNNER.
ÜBER DUMME MÄNNER.

LEILA IST FRISCH GESCHIEDEN. IHRE EHE HAT KEINE SECHS MONATE GEHALTEN.
EINES NACHMITTAGS, ALS SIE GERADE MIT FREUNDINNEN WEG-GEHEN WOLLTE, BAT IHR MANN SIE, ETWAS FÜR IHN ZU KOCHEN.
ER SAGTE, ES KÄMEN EIN PAAR FREUNDE ZUM KAT-KAUEN VORBEI UND ES SEI EINE SCHANDE, WENN ER IHNEN NICHTS ZU ESSEN ANBIETEN KÖNNE.
WIDERWILLIG GAB SIE NACH.
SIE KOCHTE EINE STUNDE LANG, ABER DIE FREUNDE KAMEN NICHT.
WO BLEIBEN SIE NUR?
TJAHA, ES KOMMT GAR KEINER! ICH HABE MIT EINEM FREUND GEWETTET, DASS ICH DICH ZUM KOCHEN KRIEGE. GERADE HAB ICH 5.000 RIAL GEWONNEN!
AM NÄCHSTEN TAG PACKTE SIE IHRE KOF-FER UND ZOG ZURÜCK ZU IHREN ELTERN.
ANSCHEINEND HAT IHR BLÖDER MANN NOCH IMMER NICHT VERSTAN-DEN, WESHALB LEILA SO SAUER WAR.

SHURUK ERZÄHLTE AUCH EINE IRRE GESCHICHTE.
SIE HAT IN BERLIN STUDIERT.
DORT VERLIEBTE SIE SICH IN EINEN STUDIENKOLLEGEN AUS DEM JEMEN. DREI JAHRE LANG WAREN SIE EIN GLÜCKLICHES PAAR.
IN BERLIN TRUG SHURUK WESTLICHE KLEIDUNG, ALSO WEDER ABAYA NOCH HIDSCHAB.
IHR FREUND BEKAM HIN UND WIEDER BESUCH VON BEKANNTEN AUS DEM JEMEN UND SIE GINGEN ZUSAMMEN AUS.
ALS DAS PAAR IN DEN JEMEN ZURÜCKKEHRTE, MACHTE SHURUKS FREUND MIT IHR SCHLUSS.
ER MEINTE, ER KÖNNE KEINE FRAU HEIRATEN, NACHDEM SEINE FREUNDE IHR HAAR GESEHEN HÄTTEN.
SHURUK HATTE GEGLAUBT, ER WÜRDE SIE WIRKLICH LIEBEN. SIE WAR SEHR VERLETZT. TROTZDEM FREUTE SIE SICH, DASS SIE RECHTZEITIG ERKANNT HATTE, WAS FÜR EIN SCHWACHKOPF ER WAR.

DIE BESTE GESCHICHTE ABER KAM VON AFRAH …
SIE ERZÄHLTE VON EINEM MÄDCHEN, DAS REICHE MÄNNER IN SANAA VERFÜHRTE.
MEINE SCHWESTER UND SHURUK DENKEN, DASS SIE SIE KENNEN. ANGEBLICH HABEN SIE SIE SCHON AUF DIVERSEN PARTYS GETROFFEN.
DAS MÄDCHEN IST WOHL NICHT SONDERLICH HÜBSCH, ABER GESCHICKT DARIN, IHRE REIZE EINZUSETZEN. SIE HAT DEN BOGEN RAUS UND WEISS, WIE MAN MÄNNER BEZIRZT. AUSSERDEM IST SIE GUT MIT WORTEN.
WENN SIE EIN MANN INTERESSIERT, KOMMT SIE IMMER IRGENDWIE AN SEINE TELEFONNUMMER … ÜBER SCHWESTERN ODER COUSINEN.
DANN KAUFT SIE SICH EINE NEUE SIM-KARTE UND RUFT IHN UNTER IRGENDEINEM VORWAND AN.
SIE FLIRTET EINE WEILE AM TELEFON UND ERKLÄRT SICH DANN ZU EINEM RENDEZVOUS BEREIT.

DAS MÄDCHEN STAMMT AUS EINFACHEN VERHÄLTNISSEN.
NATÜRLICH SAGT SIE DAS NICHT.
SIE ERZÄHLT, IHRE FAMILIE SEI SEHR REICH, UND VERHÄLT SICH WIE EINE VERSNOBTE, VERWÖHNTE GÖRE, DIE IMMER ALLES BEKOMMT, WAS SIE WILL.
DIESES SPIEL TREIBT SIE MIT MEHREREN MÄNNERN GLEICHZEITIG.
DIE GESCHENKE DES EINEN BENUTZT SIE, UM GEGENÜBER DEN ANDEREN IHRE ROLLE GLAUBHAFT SPIELEN ZU KÖNNEN.
SIE SCHEINT IN GELD ZU SCHWIMMEN.
WER AUSSER EINEM REICHEN MÄDCHEN KANN SICH SCHON EINE ROLEX FÜR 5.000 DOLLAR LEISTEN?

DAS BESTE AN DER GESCHICHTE IST, DASS SIE MIT KEINEM DER MÄNNER INS BETT GEHT.
WENN DIE WÜSSTEN, DASS SIE NUR EIN ARMES MÄDCHEN IST, WÜRDEN SIE SIE SOFORT MISSBRAUCHEN.
ABER WEIL SIE GLAUBEN, DASS SIE AUS EINER GUTEN FAMILIE STAMMT, RÜHREN SIE SIE NICHT AN.
EINMAL HAT SICH EIN TYP UNSTERBLICH IN SIE VERLIEBT UND SIE GEBETEN, SEINE FRAU ZU WERDEN.
ABER SIE HATTE KEIN INTERESSE.
RIIING
SOBALD IHRE OPFER KEIN GELD MEHR HATTEN, WARF SIE DIE SIMKARTE WEG UND VERSCHWAND.
GELOBT SEI DER NIKAB.

DEM TYPEN BRACH ES DAS HERZ.
WIE EIN GESPENST LIEF ER DURCH DIE STRASSEN, DIE ER MIT IHR DURCHSTREIFT HATTE.
NATÜRLICH FAND ER SIE NICHT.
IN SEINER VERZWEIFLUNG BETRANK ER SICH.
FREUNDE TRÖSTETEN IHN UND ER ERZÄHLTE IHNEN DIE GANZE GESCHICHTE.
DENEN KAM DAS BEKANNT VOR.
SO KAM HERAUS, DASS DAS MÄDCHEN FÜNF MÄNNER MIT DER GLEICHEN MASCHE BETROGEN HATTE.

ES HEISST, SIE WERDE JETZT VON DER POLIZEI GESUCHT.
ICH VERSTEHE DAS NICHT ... DIE TYPEN HABEN IHR DAS GELD DOCH FREIWILLIG GEGEBEN ...
JEDENFALLS GLAUBE ICH NICHT, DASS SIE SIE KRIEGEN.
EIN MÄDCHEN, DAS SO EINE NUMMER AUSHECKT, IST VIEL ZU GEWITZT, UM SICH FASSEN ZU LASSEN.
JA, ICH WEISS. ES KLINGT WIE EINE GROSSSTADT-LEGENDE.
EGAL, MAN DARF DOCH MAL TRÄUMEN.

15

ICH WILL EUCH MAL WAS FRAGEN.
ES GEHT UM DIE MOHAMMED-KARIKATUREN.
IM INTERNET HABE ICH GELESEN, DASS FAST DIE GESAMTE WESTLICHE WELT DIE VERÖFFENTLICHUNG IN DIESER DÄNISCHEN ZEITUNG VERTEIDIGT.
DAS VERSTEHE ICH NICHT.
WESHALB SOLLTE JEMAND 1,6 MILLIARDEN MUSLIME IN IHREM INNERSTEN WESEN BELEIDIGEN WOLLEN?
WAS HAT MAN DAVON?
PPRRTT
UND VOR ALLEM, WARUM WIRD DAS SO VEHEMENT VERTEIDIGT?

FÜR UNS SIND DIESE KARIKATUREN SO …
WIE SOLL ICH SAGEN …
… ALS SPUCKE MAN UNSERER MUTTER IN DEN MUND.
VERSTEHT MICH NICHT FALSCH.
ICH WILL NICHT, DASS DIE KARIKATURISTEN BESTRAFT WERDEN.
ÜBERHAUPT NICHT.
DIE FATWA GEGEN SIE AUSZUSPRECHEN … DAS WAREN FANATIKER.

DIE VERABSCHEUE ICH SELBST AM MEISTEN.
SIE SIND SCHULD DARAN, DASS WIR MUSLIME IN DER WELT EINEN SO SCHLECHTEN RUF HABEN.
DOCH DAS MIT DEN KARIKATUREN VERSTEHE ICH WIRKLICH NICHT.
UND ICH WÜRDE ES GERNE.
ICH HABE NUR SELTEN GELEGENHEIT, MIT WESTLICHEN MENSCHEN ZU SPRECHEN.
WANN IMMER ICH GELEGENHEIT HABE, BRINGE ICH DAS THEMA ZUR SPRACHE.

MEIST ZÖGERN SIE, WENN ICH SIE NACH IHRER MEI-NUNG FRAGE ...
... ALS FÜHLTEN SIE SICH GE-HEMMT.
VIELLEICHT, WEIL ICH MUSLIMIN BIN UND SIE MICH NICHT BE-LEIDIGEN WOLLEN.
NATÜRLICH SPRECHEN ALLE VON MEINUNGSFREIHEIT.
EINE DEUTSCHE HAT MIR GESAGT, IM WESTEN WISSE MAN SEHR WENIG ÜBER DIE MUSLIMISCHE WELT.
NIEMAND KÖNNE BEGREIFEN, WIE UNS SO ETWAS DERART BELEIDIGEN KANN.

EIN ANDERES MÄDCHEN - EINE ITALIENERIN, GLAUBE ICH - MEINTE, DIE DÄNISCHE ZEITUNG SEI RECHTSGERICHTET. ES GEHE LEDIGLICH UM POLEMIK ...
... UM DEN HASS GEGEN MUSLIME ZU SCHÜREN.
VIELLEICHT STIMMT DAS, KEINE AHNUNG.
IM GRUNDE IST ES MIR EGAL, OB DAHINTER POLITISCHE INTERESSEN STECKEN.
Eurabia
WAS ICH GERNE VERSTEHEN MÖCHTE, IST DIESE EINHELLIGE VERTEIDIGUNG DER KARIKATUREN.

ICH HABE VIEL DARÜBER NACHGEDACHT.
ICH KANN ES MIR NUR SO ERKLÄREN, DASS EUCH NICHTS WIRKLICH HEILIG IST. NICHTS IST FÜR EUCH UNANTASTBAR ...
... WIE FÜR UNS DER KORAN UND DAS BILD DES PROPHETEN.
WIE DIESE DEUTSCHE GEMEINT HAT ... VIELLEICHT KÖNNT IHR DESHALB NICHT VERSTEHEN, WIESO UNS DAS ALLE SO SEHR BELEIDIGT.
RIPP
ODER VIELLEICHT IST EUCH DIE MEINUNGSFREIHEIT TATSÄCHLICH GENAUSO HEILIG.

16

DAS WAR EIN SCHRECK!
AUF DEM HEIMWEG HABE ICH KURZ BEI DEM GESCHÄFT ANGEHALTEN, WO ICH IMMER ZIGARETTEN KAUFE.
NORMALERWEISE HUPE ICH UND LASSE SIE MIR ANS AUTO BRINGEN.
HEUTE ABER STANDEN DA AUTOS IN ZWEIER-REIHEN.
ALSO BIN ICH AUS-GESTIEGEN UND HABE GLEICH NOCH EIN PAAR ANDERE SACHEN GEKAUFT.
ALS ICH ZURÜCK ZUM AUTO GING, WÄRE ICH FAST MIT MEINEM STIEFBRUDER ZU-SAMMENGESTOSSEN.
DEM DICKEN.

ER BEMERKTE MEINE SELTSAME REAKTION UND BLIEB ABRUPT STEHEN.
DABEI STARRTE ER MICH AN.
ZUNÄCHST DACHTE ICH, ER HÄTTE MICH ERKANNT.
DAS WAR ABER NICHT DER FALL.
DER BLÖDMANN HATTE EINFACH MEINEN BLICK FALSCH GEDEUTET UND ANGENOMMEN, ER HABE MIR IMPONIERT.
ALSO STAND ER DA, ZOG DEN BAUCH EIN UND STRECKTE DIE BRUST RAUS.
EINFACH WIDERLICH!

ICH VERMUTE, DASS UNS DIE MÄNNER DESWEGEN SO SEHR KONTROLLIEREN WOLLEN.
SIE WISSEN GENAU, WAS SIE SELBST MIT DEN TÖCHTERN UND SCHWESTERN DER ANDEREN ANSTELLEN WÜRDEN, WENN MAN SIE NUR LIESSE.
WIE AUCH IMMER. ICH FINDE ES BEUNRUHIGEND, MEINEM STIEFBRUDER HIER ZU BEGEGNEN.
ER WOHNT AM ANDEREN ENDE DER STADT, IN DER NÄHE MEINES VATERS.
WIR SIND EXTRA IN DIESES VIERTEL GEZOGEN, UM MÖGLICHST WEIT WEG VON IHNEN ZU SEIN.

MEIN STIEFBRUDER BEWEGT SICH NUR MIT DEM AUTO FORT. ER LÄUFT NIE.
ALSO MUSS ER IN DER NÄHE GEPARKT HABEN.
BESTIMMT HAT ER EINEN FREUND ODER EINEN KUNDEN MEINES VATERS IN UNSEREM VIERTEL BESUCHT.
ICH WERDE BESSER AUFPASSEN MÜSSEN.
ICH HASSE DAS GEFÜHL, IMMER ENGER EINGEKREIST ZU WERDEN.

17

DAS MÄDCHEN DORT IST AMINA, MEINE BESTE FREUNDIN.
ICH HABE BEREITS VON IHR ERZÄHLT. SIE WAR ES, DIE MICH DAMALS ZUM BETTELN AUF DER STRASSE ÜBERREDET HAT.
WIR HINGEN WIE KLETTEN ANEINANDER.
SIE BESUCHT GERADE IHRE FAMILIE IN SANAA.
SEIT SIE HIER IST, HABEN WIR UNS TÄGLICH GETROFFEN.

ICH HÄTTE NIE GEDACHT, WIE SEHR ICH SIE VERMISSEN WÜRDE ...
SCHON OFT HABE ICH MIR ÜBERLEGT, DASS ES UNS GENAU UMGEKEHRT HÄTTE ERGEHEN KÖNNEN.
16
8
ICH KÖNNTE IN LONDON LEBEN ODER IN EINER ANDEREN STADT, GLÜCKLICH VERHEIRATET ...
... UND SIE KÖNNTE WEITER IN DIESEM LOCH FESTSITZEN.
DOCH AMINA HAT SCHON IMMER DAS GLÜCK GEHABT, DAS MIR FEHLT.

ES GING IHR ABER AUCH SCHON SCHLECHTER ALS MIR.
WENIGSTENS HAT MEIN VATER NIE VERSUCHT, MICH ZU VERHEIRATEN.
ALS SIE 17 JAHRE ALT WAR, HAT AMINAS VATER DAS GETAN. OHNE SIE ZU FRAGEN.
LAUT GESETZ MÜSSEN VÄTER DAS EINVERSTÄNDNIS IHRER TÖCHTER EINHOLEN, BEVOR SIE DEN EHEVERTRAG ABSCHLIESSEN.
SO STEHT ES IM KORAN, GANZ KLAR.
IN WIRKLICHKEIT MACHEN SIE, WAS SIE WOLLEN.
ICH HABE DICH HEUTE VERMÄHLT, KIND. DIE TRAUUNG IST NÄCHSTE WOCHE.

AMINA WEIGERTE SICH, DIE TRAUUNG ZU VOLLZIEHEN.
FÜR IHREN VATER WAR DAS EINE SCHANDE. DER EHEVERTRAG WAR BEREITS ABGESCHLOSSEN UND ER WAR EIN SCHEICH.
ALSO FESSELTE ER IHRE HÄNDE UND SCHLOSS SIE IM BADEZIMMER EIN. SIE SOLLTE SO LANGE DORT BLEIBEN, BIS SIE IHRE MEINUNG ÄNDERTE.
DREI TAGE LANG GAB ER IHR NICHTS ZU ESSEN.
ABER ES GELANG IHM NICHT, IHREN WILLEN ZU BRECHEN.
DER GROSSE SCHEICH MUSSTE SEINEN STOLZ ÜBERWINDEN UND DIE SCHEIDUNG IN DIE WEGE LEITEN.
BAMM
AMINA IST VON EINEM MANN GESCHIEDEN, DEN SIE NIE GESEHEN HAT - NICHT MAL AUF EINEM FOTO.

DANN SCHAFFTE SIE ES - WIE AUCH IMMER - IHREN VATER ZU ÜBERREDEN, SIE IN JORDANIEN STUDIEREN ZU LASSEN.
NACH DEM SCHEIDUNGSSKANDAL HÄTTE NIEMAND MIT SEINER ERLAUBNIS GERECHNET.
PIEP
PIEP
DOCH ER WILLIGTE EIN. DAS WAR EINER IHRER GLÜCKSTREFFER.
IN AMMAN LERNTE SIE EINEN LIBANESEN KENNEN.
SIE VERLIEBTEN SICH UND HEIRATETEN.
ANSCHEINEND IST IHR MANN WELTOFFEN UND LÄSST SIE TUN, WAS SIE WILL.
SIE LEBEN IN LONDON UND SIND GLÜCKLICH.

AMINA ERZÄHLTE MIR, DASS SIE IN DER ERSTEN WOCHE IN LONDON DURCH DIE STRASSEN GERANNT SEI UND WIE VERRÜCKT GELACHT HABE.
SIE NENNT ES EINE DER BEFREIENDSTEN ERFAHRUNGEN IN IHREM LEBEN.
DAS GLAUBE ICH GERN.
ICH BIN NOCH NIE SO HERUMGERANNT.
UND WERDE ES WOHL AUCH NIEMALS TUN.
ALS ICH IN DAMASKUS STUDIERTE, SAGTE MEINE MUTTER, ICH SOLLE EINEN GUTEN MANN HEIRATEN UND NICHT IN DEN JEMEN ZURÜCKKOMMEN.
SIE WUSSTE SCHON DAMALS, DASS DIESES LAND NICHT ZU MIR PASST.

MEIN DAMALIGER VEREHRER WAR LEIDER VERRÜCKT.
DAS IST NOCH EINS MEINER PROBLEME: ICH ZIEHE KOMISCHE KAUZE AN WIE EIN MAGNET.
ERINNERT IHR EUCH NOCH AN DEN ÄGYPTER? DEN MIT DEN MAKKARONI?
ER BELÄSTIGT MICH NOCH IMMER MIT ZEHN, ZWANZIG SMS AM TAG.
SALEH RIEF IHN AN UND FORDERTE IHN AUF, MICH IN RUHE ZU LASSEN. OHNE ERFOLG.
[10]
TXT
JETZT DENKE ICH DARÜBER NACH, MEINE TELEFONNUMMER ZU ÄNDERN.

MIR HAT SCHON IMMER DIESES GEWISSE GLÜCK GEFEHLT.
PIEP PIEP
MORGEN FLIEGT AMINA ZURÜCK NACH LONDON.

18

ICH NEHME JETZT DEUTSCHUNTERRICHT.
...if I were a boy I think...
ICH HATTE SCHON LÄNGER VOR, NOCH EINE SPRACHE ZU LERNEN.
...I could understand...
DIE ENTSCHEIDUNG HABE ICH VOR ALLEM WEGEN AMINA GEFÄLLT.
...how it feels to love a girl
BEI UNSEREM WIEDERSEHEN HABE ICH GESPÜRT, WIE SEHR ICH EINE GUTE FREUNDIN ZUM REDEN VERMISSE.
I swear I'd be a better man
ALSO DACHTE ICH, ICH KÖNNTE BEIM DEUTSCHUNTERRICHT NETTE LEUTE KENNENLERNEN.
JEMANDEN MIT TRÄUMEN UND WÜNSCHEN.
I'd listen to her...
ALLERDINGS WAR ICH AM ERSTEN UNTERRICHTSTAG NICHT GERADE IN BESTER STIMMUNG.
...cause I know how it hurts

...and everything you had got destroyed...

19

EINE FREUNDIN MEINER SCHWESTER IST LEHRERIN AN DER SCHULE, AUF DIE ZWEI MEINER STIEFBRÜDER GEHEN.
SIE HÄLT UNS ÜBER IHRE SCHANDTATEN AUF DEM LAUFENDEN.
ALIS LETZTE AKTION SORGTE DAFÜR, DASS EIN LEIBWÄCHTER MEINES VATERS ZWEI TAGE IM KERKER VERBRINGEN MUSSTE.
PENG
PENG
PENG
ALI HATTE BEHAUPTET, DER MANN HABE IHM KEINEN RESPEKT GEZOLLT.
PENG
PENG
DER KNIRPS IST GERADE MAL 14 JAHRE ALT.
PENG
BUMMM
IM JEMEN IST ES GANG UND GÄBE, DASS MÄCHTIGE MÄNNER PRIVATKERKER IN IHREN KELLERN BESITZEN.
SIE DÜRFEN SELBSTJUSTIZ ÜBEN.

VOR EINIGEN WOCHEN MUSSTEN DIE SECHSTKLÄSSLER EINEN AUFSATZ ÜBER EIN THEMA IHRER WAHL SCHREIBEN.
MEINE STIEFSCHWESTER ERZÄHLTE VON EINEM AUSFLUG IN DEN KELLER.
IN DER SCHULE GING DAS RUM WIE EIN LAUFFEUER.
SIE BESCHRIEB HERZZERREISSENDE SCHREIE, DIE DURCHS TREPPENHAUS HALLTEN …
… BLUTIGE FUSSABDRÜCKE IM FLUR …
… AUSSERDEM SCHLÄGE, SCHMÄHUNGEN UND GEWIMMER HINTER EINER DER TÜREN.
UNSERE FREUNDIN HAT VERSPROCHEN, UNS EINE KOPIE DES AUFSATZES ZU BESORGEN.

MEINE STIEFBRÜDER SIND ÜBLE KERLE. ALLE FÜNF, OHNE AUSNAHME.
UND OBWOHL SIE KEINE GELEGENHEIT AUSLASSEN, UNS SCHWIERIGKEITEN ZU BEREITEN …
… TUN SIE MIR EHRLICH GESAGT LEID.
SIE MUSSTEN BEI MEINEM VATER UND DER HEXE AUFWACHSEN. UND DAS SPÜRT MAN. KEINER TRAUT DEM ANDEREN.
WUMMS
ES MUSS SCHRECKLICH SEIN.

ES SCHEINT FAST SO, ALS HABE MEIN VATER BEI UNS RECHT GUTE ARBEIT GELEISTET.
MIT ALL DEM DRUCK UND ZWANG …
… HAT ER ERREICHT, DASS WIR UMSO FESTER ZUSAMMENHALTEN.
WEITER SO, PAPA …
… DAMIT MACHST DU UNS NUR NOCH STÄRKER.

20

HEUTE HATTE ICH EINEN HARTEN TAG.
WIR HABEN FÜNF STUNDEN LANG AN EINEM TOTEN HERUMOPERIERT.
JA, GANZ RICHTIG, AN EINEM TOTEN.
SO LAUTET DIE VORSCHRIFT IM KRANKENHAUS.
WENN EIN SCHEICH ODER EINE ANDERE WICHTIGE PERSÖNLICHKEIT EINGE-LIEFERT WIRD, MÜSSEN WIR VORGEBEN, ALLES ZU TUN, UM SEIN LE-BEN ZU RETTEN …
… SELBST WENN ES ZWECKLOS IST …
… ODER ER BEREITS TOT, SO WIE HEUTE.

WENN DIE SÖHNE ODER STAMMESANGEHÖRIGEN GLAUBEN, WIR HÄTTEN NICHT GENUG GETAN, MACHEN SIE UNS FÜR SEINEN TOD VERANT-WORTLICH UND NEHMEN RACHE.
DAS HAT SCHON MEHR ALS EINEN ARZT DAS LEBEN GE-KOSTET.
WIR GEHEN LIEBER KEIN RISIKO EIN.
KLICK

ICH HABE MEINER MUTTER GESAGT, ICH WÜRDE NOCH EINE STUNDE LÄNGER IM KRANKENHAUS BLEIBEN.
I'd roll outta bed in the morning...
AN MANCHEN TAGEN IST MIR EINFACH DANACH, NOCH EINE RUNDE MIT DEM AUTO ZU DREHEN, BEVOR ICH HEIMFAHRE.
BEIM AUTOFAHREN UND MUSIKHÖREN ENTSPANNE ICH MICH AM BESTEN.
...and throw on what I wanted then go
drink beer with the guys...
WENN MIR EIN SONG GEFÄLLT, HÖRE ICH IHN NONSTOP. ZEHN ODER FÜNFZEHN MAL, ICH WERDE IHN NICHT SATT.
...and chase after girls...
VOR EINIGEN WOCHEN WAR ES *TE AMO* VON RIHANNA.
KLICK
JETZT IST ES *IF I WERE A BOY* VON BEYONCÉ.

WAS MIR AN BEYONCÉ UND RIHANNA GEFÄLLT, SIND IHRE LIEDTEXTE FÜR FRAUEN.
DER AKTUELLE SONG GEFÄLLT MIR NOCH AUS EINEM ANDEREN GRUND.
If I were a boy even just for a day...
ALS KIND WOLLTE ICH EIN JUNGE SEIN.
ANDERS ALS BEYONCÉ WOLLTE ICH DIE JUNGS ALLERDINGS NICHT VERSTEHEN, SONDERN EINFACH DIE GLEICHE FREIHEIT WIE SIE GENIESSEN.
WENN JUNGS DINGE TUN DÜRFEN, DIE MAN DIR VERBIETET, IST ES DOCH GANZ LOGISCH, DASS DU EINER SEIN WILLST.
ALSO REDETE ICH WIE EIN JUNGE, VERHIELT MICH WIE EIN JUNGE, GING WIE EIN JUNGE UND DACHTE, DAS MACHE MICH ZU EINEM JUNGEN.
ICH ZUPFTE MIR NIE DIE AUGENBRAUEN UND TRUG KEINE RÖCKE, SONDERN T-SHIRT UND JEANS.

MEINE HAARE TRUG ICH ALLERDINGS NICHT KURZ. SO WEIT GING'S DANN DOCH NICHT.
BIS ICH 17 JAHRE ALT WAR, TRUG ICH EINEN STRAFFEN HAARKNOTEN, DEM ICH MEINER FAMILIE ZUFOLGE MEINE BREITE STIRN ZU VERDANKEN HABE.
I'd put myself first...
ALS ICH DANN BRÜSTE BEKAM, LIESS ICH DIE SCHULTERN NACH VORNE HÄNGEN, UM SIE ZU VERBERGEN.
ICH TRUG KEINEN BH.
ICH WOLLTE WOHL EINFACH NICHT DIE VERANTWORTUNG UND DIE PFLICHTEN ÜBERNEHMEN, DIE MIT DEM FRAUSEIN VERBUNDEN SIND.
23
25

ICH SPIELTE DAMALS IN EINER VOLLEYBALLMANNSCHAFT. SALEH LACHTE SICH BEIM ZUSCHAUEN IMMER SCHLAPP.
HIN UND WIEDER ZIEHT ER MICH NOCH IMMER DAMIT AUF.
ER MEINTE, MEINE BRÜSTE HÜPFTEN HERUM UND TRAFEN DEN BALL, OHNE DASS ES JEMAND BEMERKTE. ER NANNTE SIE MEINE „GEHEIMWAFFE".
...but you're not a boy, so you don't have a clue
ABER ICH BIN KEIN JUNGE. WIE IN DEM SONG: KEIN BEDARF.
ALS MEIN VATER MICH SCHLIESSLICH IN DAMASKUS STUDIEREN LIESS, WURDE MIR KLAR, DASS ICH EIGENTLICH KEIN MANN SEIN WOLLTE.
ICH WOLLTE EINE FRAU SEIN, ABER MIT DER MACHT UND DER FREIHEIT DER MÄNNER.

21

DAS IST SALEHS BLUT.
KRATZ
KRATZ
MEIN VATER HAT IHN GESCHLAGEN.
ER MUSSTE AM KOPF MIT DREI STICHEN GENÄHT WERDEN. ABER ES GEHT IHM GUT.
Vogue
Vogue
Vogue
Vogue
Vogue

ICH WÜNSCHTE, MEIN VATER WÄRE TOT.
JA, TOT.
ICH DENKE, ICH BIN EINE GUTE MUSLIMIN UND EIN GUTER MENSCH.
ABER JETZT GERADE WÜNSCHE ICH MIR VON GANZEM HERZEN, MEIN VATER WÄRE TOT.
DASS IHN DIESE SEMTEX-TYPEN ERWISCHEN ODER SONST WER. DASS SIE IHN MIT KUGELN DURCHLÖCHERN.
UND DASS SIE DIESMAL KEINE HALBEN SACHEN MACHEN.

WAS IST DAS NUR FÜR EINE GESELLSCHAFT, IN DER EINE TOCHTER DEM VATER DEN TOD WÜNSCHT?
MERKT DENN NIEMAND SONST, DASS HIER ETWAS GEWALTIG SCHIEFLÄUFT?
BUUUMM
MEIN VATER HAT DAFÜR GESORGT, DASS ICH MEINEN JOB IM KRANKENHAUS VERLIERE.
ER HAT MIR MEIN AUTO WEGGENOMMEN.
UND ER HAT MIR UND MEINER SCHWESTER VERBOTEN, WIEDER ZU ARBEITEN.
RIPP

MÄNNER HABEN ES LEICHT.
DER SCHEISSKERL MUSSTE NUR DEN HÖRER ABNEHMEN UND DEN DIREKTOR DES KRANKENHAUSES ANRUFEN. ER FORDERTE IHN AUF, MICH ZU ENTLASSEN – UND SO GESCHAH ES.
GANZ EINFACH, WAS?
ER BRAUCHTE KEINE FÜNF MINUTEN UND MUSSTE NICHT EINMAL SEIN BÜRO VERLASSEN.
MIR HAT MAN NICHT EINMAL DIE CHANCE GEGEBEN, UM MEINEN ARBEITSPLATZ ZU KÄMPFEN.
HATTE DER KRANKENHAUSDIREKTOR ANGST DAVOR, PROBLEME MIT MEINEM VATER ZU BEKOMMEN? ODER WAR ER AUCH BLOSS DER MEINUNG, TÖCHTER MÜSSTEN IMMER BRAV UND GEHORSAM SEIN?

IST MIR AUCH EGAL. ICH LEHNE BEIDES AB.
DEM KRANKENHAUS-DIREKTOR WÜNSCHE ICH DEN TOD.
UND ÜBERHAUPT ALLEN MÄNNERN.
WIE KÖNNEN SIE NUR SO NIEDERTRÄCHTIG SEIN?
DU LEHNST EINEN MANN AB - UND ER FÜHLT SICH GEKRÄNKT UND ZERSTÖRT DEIN LEBEN. EINFACH SO. WEIL ER ES KANN.
JA, GENAU. SCHULD AN ALLEM IST DER MAKKARONI-ÄGYPTER.

ICH SAGTE JA, DASS ICH VERRÜCKTE TYPEN ANZIEHE.
DIESEM SCHUFT REICHTE ES NICHT, MICH MIT SMS ZU BELÄSTIGEN. ER VERFOLGTE MICH QUER DURCH SANAA.
ER HAT MICH MIT AMINA IM CAFÉ AMORE GESEHEN.
ICH WEISS DAS, WEIL ER MEINEN VATER ANRIEF UND ES IHM ERZÄHLTE.
ER SAGTE IHM, ICH WÄRE STAMMGAST IM AMORE.
UND MEIN VATER IST DER MEINUNG, MÄDCHEN WÜRDEN NUR ZUM FLIRTEN INS AMORE GEHEN.
DAS IST WOHL WIEDER SO ETWAS, DAS DEN MÄNNERN GEFALLEN WÜRDE.

KEINE AHNUNG, WIE ER HERAUSFAND, WER MEIN VATER IST. ODER WIE ER AN SEINE TELEFONNUMMER GEKOMMEN IST.
ABER ER WUSSTE GENAU, WAS ER TAT.
MEIN VATER MUSS IHM GEGLAUBT HABEN.
ER GLAUBT IMMER SOFORT ALLES SCHLECHTE, WAS MAN IHM ÜBER UNS ERZÄHLT.
IST AUCH EGAL, OB ER IHM GEGLAUBT HAT.
DER BLOSSE UMSTAND, DASS IHN EIN FREMDER ANRUFT UND AUF DAS BENEHMEN SEINER TOCHTER ANSPRICHT, IST FÜR IHN EINFACH UNERTRÄGLICH.

ER TAUCHTE UNANGEKÜNDIGT BEI UNS AUF.
ICH HATTE PECH. ER ERWISCHTE MICH, ALS ICH AUS DEM AUTO STIEG.
ICH KASSIERTE EINE OHRFEIGE UND FIEL HIN.
DAS GESCHAH ABER NICHT GLEICH. ACH WAS!
DER MIESE HEUCHLER WARTETE, BIS WIR IM HAUS WAREN, UM NICHT VON DEN NACHBARN GESEHEN ZU WERDEN.
BAMM

DAS WAR GESTERN.
HEUTE NACHMITTAG WAR SALEH DRAN.
MEIN VATER HAT IHN ZU EINEM GESPRÄCH IN SEIN BÜRO BESTELLT.
NUR SIE BEIDE.
KAUM WAR MEIN BRUDER IM BÜRO, SETZTE ES AUCH SCHON SCHLÄGE.
DAMIT GAB ER SALEH ZU VERSTEHEN, DASS ER UNS KURZHALTEN SOLL.

DASS ICH DIE ARBEIT UND DAS AUTO VERLOREN HABE, IST ABER NICHT DAS SCHLIMMSTE.
DAS SCHLIMMSTE IST, DASS ES DER MISTKERL GESCHAFFT HAT, MIR SCHULDGEFÜHLE WEGEN SALEHS PRÜGEL ANZUDREHEN.
SO, ALS HÄTTE ICH WIRKLICH ETWAS VERBROCHEN.
PLOFF
JA, ICH FÜHLE MICH SCHULDIG.
ICH TRAUE MICH NICHT EINMAL, SALEH ZU BITTEN, MICH ZUM TABAKLADEN ZU BEGLEITEN.

22

ICH WEISS, ES WAR EINE ALTE KARRE.
MIT DEM GELD, DAS ICH REINGESTECKT HABE, HÄTTE ICH MIR EIN BESSERES AUTO LEISTEN KÖNNEN.
DER FÜNFTE GANG SPRANG OFT IN DEN LEERLAUF.
DIE ABGASE DRANGEN ZUM TEIL IN DEN INNENRAUM EIN.
UND DIE KAROSSERIE VIBRIERTE WIE EIN TRAKTOR.
BEI REGEN SICKERTE WASSER DURCH UND DURCHNÄSSTE DEN BEIFAHRERSITZ.

ABER ES WAR MEIN AUTO.
ES BRACHTE MICH ÜBERALLHIN.
ICH HABE DA SO VIEL GELD REINGE-STECKT, WEIL ICH EINEN ORDENTLICHEN WAGEN HABEN WOLLTE.
UND WAS TUT MEIN VATER? ER SCHENKT ES MEINEM 14-JÄHRIGEN STIEFBRUDER, DAMIT ER FAHREN LERNT!
MEIN AUTO MUSS LIEBEVOLL BEHANDELT WERDEN!
ICH WILL NICHT, DASS ES IN ZWEI WOCHEN NUR NOCH EIN HAUFEN SCHROTT IST!
WAS IST DENN? LOS! BEEIL DICH!

DAS KONNTE ICH NICHT ZULASSEN.
MEIN AUTO HATTE EIN WÜRDIGES ENDE VERDIENT.
DESHALB HABEN WIR ES VERBRANNT.
ZIPP
UNS HAT NIEMAND GESEHEN, GANZ SICHER.
MEIN VATER KÄME NICHT IM TRAUM AUF DEN GEDANKEN, DASS WIR DAHINTERSTECKEN.
ER GLAUBT NICHT, DASS WIR ZU SO ETWAS FÄHIG SIND.

WIE ICH BEREITS SAGTE, PAPA: JE MEHR DRUCK DU AUF UNS AUSÜBST, DESTO STÄRKER WERDEN WIR.
DACHTEST DU ETWA, MIR MEIN AUTO EINFACH SO WEGNEHMEN ZU KÖNNEN?
TJA, PECH GEHABT!
PECH GEHABT ...

23

INTISAR?
KIND, DU KANNST DICH DOCH NICHT TAGELANG EINSCHLIESSEN. DAS GEHT NUN SCHON EINE WOCHE SO.
HEUTE IST SO EIN SCHÖNER TAG! NA LOS, LASS UNS EINE RUNDE DREHEN!
COROLLA

INTISAR?
SAG WENIGSTENS, DASS ES DIR GUT GEHT UND ICH MIR KEINE SORGEN MACHEN MUSS.
ES GEHT MIR GUT, MAMA. ICH MÖCHTE NUR ALLEINE SEIN … BITTE.
ICH STELL DIR EINEN TELLER VOR DIE TÜR, FALLS DU HUNGER BEKOMMST …

24

WAS FÜR EIN GEILER SCHLITTEN.
EINE FREUNDIN MEINER SCHWESTER HAT IHN MIR GELIEHEN, UM ZU EINEM VORSTELLUNGSGESPRÄCH ZU FAHREN.
ya tabtab...
ER STARTET SO LAUTLOS, DASS ICH MIR NICHT SICHER WAR, OB DER MOTOR ÜBERHAUPT LIEF.
...wa dala'...
...ya yequli ana tghayart 'alei
NICHTS VIBRIERT.
ICH HABE MIT GESCHLOSSENEN AUGEN GELAUSCHT. UNGLAUBLICH – MAN HÖRT NUR EIN SANFTES BRUMMEN.
ana az'al...
...awala'...
...ma hu kol hammo izay ardi
SO EINEN KAUF ICH MIR AUCH, SOBALD ICH DAS GELD HABE

HUUUP
...ya tabtab...
...wa dala'...
...ya yequli ana tghayart 'alei
HUUP
HUUP
HUUUUP
KEINE RENNEN ...
... DAS WAR DIE BEDINGUNG, ALS MIR DIE FREUNDIN MEINER SCHWESTER DIE SCHLÜSSEL GEGEBEN HAT.
KLICK
ZURZEIT HÖRE ICH GERN NANCY.
qululu da ana bard. sa'at fi halat

ICH KOMME GERADE VON EINEM VORSTELLUNGSGESPRÄCH BEIM ROTEN KREUZ.
ES IST GANZ GUT GELAUFEN. ALLERDINGS HIESS ES, EINE ANTWORT GÄBE ES ERST IN EIN PAAR MONATEN.
WENIGSTENS KANN ICH HOFFEN …
DIESES MAL HAT MEIN VATER KEIN VETORECHT.
IM GRUNDE IST ES EHER UMGEKEHRT.
WENN DIE WÜSSTEN, DASS ER MIR DAS ARBEITEN VERBIETET, BEKÄME ICH DIE STELLE SICHER GLEICH.
da ta'abny awy tala' 'einy
VIELLEICHT HÄTTE ICH ES ERWÄHNEN SOLLEN.

HUUUP
HUUP
ACH, SCHEISS DRAUF!
KLACK
ya tabtab...
...wa dala'...
...ya yequli ana tghayart 'alei
BRMM
BRMM

EXTRAMATERIAL

Die folgenden Artikel über die jemenitische Gesellschaft und Kultur wurden von **Aliénor Benoist** und **Pedro Riera** verfasst. Sie gewähren einen tieferen Einblick in die Gebräuche und Gewohnheiten des Jemen, die in der Graphic Novel nur flüchtig erwähnt werden. Im Anschluss berichtet **Nacho Casanova**, wie seine Zeichnungen entstanden sind.

DIE GESCHLECHTERTRENNUNG

Im Nordjemen pflegen Stämme ein bestimmtes Ritual: Wenn eine frisch vermählte Frau zum ersten Mal ihr neues Zuhause betritt, breiten die Männer der Familie ihre Waffen vor der Tür aus und sie schreitet dann über sie hinweg. Damit soll zum Ausdruck gebracht werden, dass die Waffen zu ihrer Verteidigung dienen, aber auch gegen sie gerichtet werden können, falls sie sich nicht anständig verhält. Dieses Ritual verdeutlicht sehr gut, was man im Jemen von Frauen hält: Sie sind schwach, emotional und manipulierbar und müssen wie Kinder beschützt und vor allem aus nächster Nähe überwacht werden. Die Ehre der gesamten Familie hängt vom weiblichen Sexualverhalten ab.

Auf diesem Misstrauen gegenüber den Frauen beruht die strenge Geschlechtertrennung in der jemenitischen Gesellschaft. Alles ist darauf ausgelegt, die Welt der Männer und die der Frauen nicht zusammentreffen zu lassen.

Die meisten Jemenitinnen tragen Ganzkörperschleier, wenn sie das Haus verlassen, sodass nur ihre Augen und oft auch die Hände zu sehen sind. Ihre Kleidung ist eine sehr wirksame Barriere, die Männer fernhält und es ermöglicht, dass sich beide Welten auf der Straße begegnen, ohne praktisch in Kontakt miteinander zu kommen. Sicherheitshalber wird jede Annäherung zwischen den Geschlechtern genau überwacht und es gibt strenge Vorschriften, um eine solche Annäherung möglichst zu verhindern. Sollte beispielsweise ein Mann eine unbekannte Frau auf öffentlicher Straße ansprechen und sie daraufhin Alarm schlagen, würden ihr die anderen Männer sofort zur Hilfe eilen und den Mann entweder verprügeln oder verhaften lassen.

In Restaurants gibt es einen Männerbereich und einen Familienbereich. Den Familienbereich dürfen Frauen mit ihren Freundinnen, Männern, Kinder und anderen Familienmitgliedern besuchen. Üblicherweise befindet er sich in einer anderen Etage oder einem anliegenden Gebäude. Jeder Tisch ist von Wandschirmen oder Vorhängen umgeben, sodass die Frauen den Nikab zum Essen ablegen können, ohne Gefahr zu laufen, sich vor einem Unbekannten zu enthüllen.

In Läden und auf Märkten treffen Männer und Frauen zwar aufeinander, haben aber genau wie auf der Straße kaum die Möglichkeit, Kontakt zueinander

aufzunehmen. Eine weitere Sicherheitsmaßnahme besteht oft darin, dass die Frauen beim Einkauf von ihren Schwiegermüttern begleitet werden, damit sie nicht in Versuchung geraten, mit einem Unbekannten ins Gespräch zu kommen. Selbst in Aden, der aufgeschlossensten Stadt des Landes, in der Frauen sehr viel mehr Freiheit genießen, befinden sich die Männer- und Frauengeschäfte in den Einkaufszentren meist in unterschiedlichen Bereichen oder Etagen. Alles scheint darauf ausgerichtet zu sein, ihre Begegnungen einzuschränken.

Das am weitesten verbreitete öffentliche Transportmittel sind die als Dababs bekannten Minibusse. Auf der Rückseite stehen sich zwei Sitze gegenüber, auf die – dicht gedrängt – jeweils drei Personen passen. Im Dabab dürfen unterschiedslos sowohl Männer als auch Frauen mitfahren, doch darf eine Frau nie neben einem Unbekannten sitzen. Je nachdem, wer neu zusteigt, muss die Sitzordnung der Fahrgäste geändert werden, damit Frauen stets neben anderen Frauen oder neben ihren männlichen Begleitern sitzen. Auf einer zwanzigminütigen Fahrt kann es vorkommen, dass man sich drei- bis viermal umsetzen muss, als würde man „Reise nach Jerusalem" spielen. Generell gibt es immer eine passende Kombination. Und wenn nicht, bleiben der Mann oder die Frau, die einsteigen wollten, einfach draußen und warten auf den nächsten Dabab.

Auch in den Privathaushalten herrscht Geschlechtertrennung. Die Wohnungen sind in zwei klar abgetrennte Bereiche unterteilt: einen für die Männer und einen für die Frauen. Den Frauenbereich dürfen nur männliche Familienmitglieder betreten, damit sich die Frauen zu Hause nicht verhüllen müssen. Im Männerbereich empfangen die Männer der Familie ihre Besucher. Würde ein Mann unerlaubt den Frauenbereich einer Wohnung betreten, gälte dies als schwere Beleidigung. Wenn die Frauen weibliche Gäste empfangen, gehen sie sicher, dass die Männer außer Haus sind.

Trotz allem ist die Geschlechtertrennung in der jemenitischen Gesellschaft nicht so streng wie bei ihren saudischen Nachbarn und es gibt Orte, an denen sich Männer und Frauen sehr wohl treffen und kennenlernen können.

In Privatschulen, von denen viele gemischt sind, haben Jungen und Mädchen zweifellos am engsten und längsten miteinander zu tun. Daher kommt es unter Privatschülern nicht selten zu Liebesheiraten. Diese haben keineswegs Tradition im Jemen, wo die Ehe von den Eltern arrangiert wird, ohne die Meinung ihrer Kinder bei der Entscheidung zu berücksichtigen. Liebesheiraten sind jedoch eher die Ausnahme. Der Jemen ist das arabische Land mit der höchsten Armutsquote (und wird lediglich vom Gazastreifen übertroffen). Eine Mittelklasse gibt es praktisch nicht und nur eine winzige Minderheit kann sich eine Privatschule leisten. Die übrigen Menschen müssen ihre Kinder auf eine öffentliche Schule schicken, wo noch immer strenge Geschlechtertrennung herrscht. Daher erreichen die meisten Mädchen die Volljährigkeit, ohne Umgang mit dem anderen Geschlecht gehabt zu haben – mit Ausnahme ihrer Brüder und Cousins.

Auf der Universität ist das Phänomen merkwürdigerweise genau umgekehrt, denn die staatlichen Universitäten sind gemischt, die meisten Privatuniversitäten dagegen nicht. Obwohl sich die Studenten und Studentinnen in der staatlichen Universität den Hörsaal teilen, bilden sich ganz von allein geschlechtsspezifische Gruppen: Die Mädchen sitzen in der Vorlesung auf der einen Seite und die Jungen auf der anderen. Beide Seiten kommunizieren kaum miteinander und der Druck der Gesellschaft sorgt dafür, dass das so bleibt. Ein Mädchen, das einen allzu offenen Umgang mit männlichen Kommilitonen pflegt, kann seinem Ruf ernsthaft schaden und damit die Aussicht auf eine Heirat ruinieren.

Ein weiterer wichtiger Treffpunkt für Männer und Frauen ist der Arbeitsplatz. Allerdings haben nicht alle Frauen die Möglichkeit, einen Beruf auszuüben. Dazu brauchen sie die Genehmigung ihres Wali, also des Mannes, von dem sie abhängig sind: der Ehemann, der Vater, ein Bruder oder ein Onkel. Das betrifft auch das Berufsleben. Für gewöhnlich gibt ein Mann seiner Frau nach der Hochzeit eine Liste mit Dingen, die sie tun darf, und Dingen, die ihr nicht erlaubt sind. Da heißt es dann unter anderem „keine bunten Hidschabs tragen", „um sieben Uhr zu Hause sein", „nur mit meiner Mutter in den Supermarkt gehen", „studieren ja, arbeiten nein" … Einige dieser Einschränkungen werden bereits beim Heiratsantrag erwähnt oder im Ehevertrag schriftlich festgehalten. In jedem Fall haben die Männer das letzte Wort und versuchen allgemein, ihre Frau vor den Blicken anderer Männer zu schützen.

Robert Majure ist der Inhaber der American International School in Sanaa und lebt seit siebzehn Jahren im Jemen. Er erklärte uns seinen Trick, um den jemenitischen Alltag zu überstehen, ohne schizophren zu werden: Er akzeptiert einfach, dass im Jemen zwei verschiedene Gesellschaften leben – eine weibliche und eine männliche – die jeweils ihre eigenen Regeln und Vorschriften haben. Je nachdem, ob man es mit einem Mann oder einer Frau zu tun hat, wechselt man den gesamten Bezugsrahmen, als lege man einen Schalter im Gehirn um. Trotzdem, so sagte er uns, vermeide er möglichst den direkten Umgang mit den Müttern seiner Schüler und überlasse das lieber den Schulleiterinnen, um eventuelle Missverständnisse zu vermeiden.

DER NIKAB

Der Nikab ist ein Schleier, der das Gesicht bedeckt und nur die Augen freilässt. Er besteht aus Nylon und ist unbequem, denn er staut die Wärme, behindert beim Atmen und Essen und erschwert die Kommunikation, indem er beim Sprechen den Klang dämpft.

Im Jemen tragen ihn die meisten Frauen, wenn sie aus dem Haus gehen, doch eigentlich ist er kein traditionelles jemenitisches Kleidungsstück.

Verschiedenen Quellen zufolge wurde der Nikab von den Osmanen eingeführt, als sie den Jemen in der zweiten Hälfte des 19. Jahrhunderts eroberten. Allerdings verbreitete er sich erst in den 1990er-Jahren, als Saudi-Arabien Hunderte Schulen im Jemen finanzierte und dem Land den strengen wahhabitischen Islam auferlegte. Bis dahin hatten sehr viel weniger Frauen ihr Gesicht in der Öffentlichkeit verschleiert. Meist war dies in ländlichen Gegenden der Fall, in denen 70% der jemenitischen Bevölkerung leben.

In Europa ist die Annahme verbreitet, Frauen würden den Nikab aus religiösen Gründen tragen. Schuld daran sind die wenigen Frauen, die ihn in den europäischen Ländern verwenden und vor der Kamera damit begründen, dass sie gute Musliminnen seien und der Islam es so verlange. Diese Behauptung ist jedoch falsch: Im Koran wird den Frauen weder vorgeschrieben noch empfohlen, das Gesicht zu bedecken. 2009 erinnerte der führende ägyptische Geistliche, Scheich Muhammad Sayyid Tantawi, daran, dass der Nikab keine islamische Pflicht, sondern ein Brauch sei, und verbot ihn an der al-Azhar-Universität in Kairo, der renommiertesten sunnitischen Bildungseinrichtung.

In unserem Jahr im Jemen haben wir nicht eine Frau kennengelernt, die den Nikab aus religiösen Gründen trug. Viele tun es, weil sie von ihren Vätern, Brüdern oder Ehemännern dazu gezwungen werden. Doch selbst sie gebieten es den Frauen nicht aus religiösen Gründen, sondern aus gesellschaftlichen

Zwängen. Seit die Norm aufkam, der zufolge eine anständige Frau in der Öffentlichkeit das Gesicht zu bedecken hat, will kein Mann als einziger zulassen, dass Fremde das Gesicht seiner Ehefrau oder Tochter sehen. Schließlich könnte das Spott oder Vorwürfe von Freunden oder Bekannten nach sich ziehen oder gar seine männliche Macht vor den anderen infrage stellen. Reist dagegen eine jemenitische Familie ins Ausland, verhüllen die Frauen ihr Gesicht für gewöhnlich nicht, ganz gleich, ob in Europa, den USA oder in anderen arabischen Ländern. Das ist den Männern egal, denn „da kennt die Frauen ja niemand".

Manche Frauen tragen den Nikab, weil sie es leid sind, auf der Straße beschimpft zu werden und „Zieh den Schleier an!" gesagt zu bekommen. Amina, eine Freundin, hielt dem Druck zwei Jahre lang stand, bevor sie nachgab und den Nikab anlegte. Mit schiefem Lächeln gestand sie uns, sich seitdem viel freier zu fühlen.

So paradox es auch klingen mag, aber in einer Gesellschaft mit derart frauenfeindlichen Vorschriften ermöglicht der Nikab einigen von ihnen den Zugang zu gemischten Einrichtungen, die ihnen sonst verwehrt wären. Sie genießen mit dem Nikab mehr Freiheit. Es geht nicht bloß darum, das Haus verlassen und auf den Markt gehen zu dürfen, sondern auch um den Besuch von Lehrveranstaltungen an der Universität und die Ausübung eines Berufs.

Wie Amina treffend sagte, ist der Nikab im Jemen ein zweischneidiges Schwert. Den Männern dient er dazu, ihre Frauen vor den Blicken der anderen zu verbergen. Die Frauen wiederum können sich damit auch vor ihren eigenen Männern verbergen und tun, was ihnen verboten wird: Auto fahren, eine Kugel Kat kauen oder sich mit einem anderen Mann treffen.

DER HIDSCHAB

Der Hidschab ist ein Kopftuch, mit dem nur das Gesichtsoval frei bleibt.

Im Jemen wird es von fast allen Frauen in der Öffentlichkeit getragen, doch nicht, weil die Männer sie dazu zwingen, sondern aus religiösen Gründen. Die Jemenitinnen finden, dass es für sie als Musliminnen Pflicht ist, ihr Haar zu verbergen – weil es der Anstand gebietet. Viele Mädchen benutzen den Hidschab bereits in der Pubertät, andere erst später. Für sie ist er von spiritueller und moralischer Bedeutung, denn wenn sie ihn erst einmal benutzen, gibt es kein Zurück – sie müssen ihn dann ihr Leben lang tragen. Daher handelt es sich meist um eine sehr lang und sorgfältig überlegte Entscheidung.

Im Jemen überwiegt ganz klar der schwarze Hidschab.

Ein bunter Hidschab ist ein wahres Bekenntnis zu Modernität und Emanzipation, weshalb er von jemenitischen Feministinnen und Menschenrechtsaktivistinnen getragen wird.

Aber auch die schwarzen Hidschabs sind nicht alle gleich – nicht im Geringsten. Es gibt unzählige Versionen und Formen. Konservative Frauen benutzen schlichte Hidschabs. Weltoffenere Frauen dagegen tragen Hidschabs mit Perlen, Strasssteinen oder Stickereien und knoten sie so, dass sie möglichst vorteilhaft aussehen. Es gibt nämlich in den einzelnen arabischen Ländern viele verschiedene Möglichkeiten, den Hidschab zu tragen, und jeder Stil besitzt im Jemen einen Namen.

Der Stil Abu Nakhfa (den man mit „eitel" übersetzen kann) stammt aus Dubai und kam vor etwas über einem Jahr bei den jemenitischen Studentinnen in Mode. Dabei trägt man unter dem Tuch eine Attrappe, die den Anschein erweckt, als habe die Frau eine größere Haarpracht, als es in Wirklichkeit der Fall ist.

Islamistische Extremisten verurteilen diesen Hidschab-Stil, da er das Kleidungsstück ihrer Meinung nach zu einem Verführungsinstrument macht, statt das Gegenteil zu bewirken. Trotzdem wählen noch immer viele Jemenitinnen diesen Stil, für die es durchaus nicht widersprüchlich ist, eine gute Muslimin zu sein und gut aussehen zu wollen. Selbst wenn Eitelkeit dahintersteckt, zeigt die Wahl eines Hidschabs, der die eigene Schönheit betont, ein gewisses Maß an Emanzipation und sogar Widerstand. Schließlich wollen Frauen nicht nur für den Ehemann gut aussehen, sondern auch für sich selbst.

KAT

Kat ist ein pflanzliches Rauschmittel mit ähnlichen Eigenschaften wie Amphetamin und wird im Jemen regelmäßig von 60 Prozent der Männer und von 30 Prozent der Frauen und Mädchen über zwölf Jahren gekaut. Pharmastudien belegen, dass Kat einen ähnlichen Suchtfaktor wie Kaffee hat, aber mit einer erheblichen psychischen Abhängigkeit verbunden ist.

Das Katblatt wird nicht geschluckt, sondern mit den Zähnen zermahlen, um den bitteren Saft freizusetzen. Anschließend wird es in der Backe aufbewahrt, bis sich eine große Kugel bildet. Der Katkonsum ist die Hauptfreizeitaktivität im Jemen und gesellschaftlich nicht nur angesehen, sondern ein wichtiges Identitätsmerkmal und der ganze Stolz der Jemeniten.

Um ein Uhr mittags strömen die Menschen in Sanaa auf die Straße, um schnell die beliebten Restaurants aufzusuchen oder zum Essen nach Hause zu gehen. Das Katblatt muss man nämlich mit vollem Magen kauen, um Übelkeit vorzubeugen. Im Februar 2011, als im Jemen die Proteste gegen das Regime von Ali Abdullah Salih aufkamen, endeten die Demonstrationen um Punkt ein Uhr – sogar an jenen Tagen, als es bei den Zusammenstößen zwischen Anhängern und Gegnern des Präsidenten zu Toten kam. Es war die Kat-Stunde.

Der Verzehr des berauschenden Katblatts hat verheerende Folgen für die Produktivität des Landes, da er zu einer Verkürzung der täglichen Arbeitszeit führt. Viele Jemeniten verlassen ihren Arbeitsplatz früher, um Kat kauen zu gehen. Angaben der Regierung zufolge verschwenden Beamte ein Viertel ihres Vormittags mit Aktivitäten rund ums Kat.

Eine Kat-Sitzung dauert meist fünf bis sechs Stunden.

Da Männer und Frauen getrennt voneinander Kat kauen, wirkt sich diese Gewohnheit negativ auf Beziehungen aus, weil die Paare dadurch weniger Zeit miteinander verbringen. Außerdem besprechen die Männer wichtige Angelegenheiten immer im Rahmen von Kat-Sitzungen. Da die Frauen nicht daran teilnehmen dürfen, werden sie von den Entscheidungen ausgeschlossen, was wiederum ihre Berufskarrieren erheblich erschwert. Nabilah al-Zubair, die Vorsitzende der Schriftstellergenossenschaft im Jemen, sah sich deswegen sogar zum Rücktritt gezwungen. Es schien einfach undenkbar, sie an den Sitzungen teilnehmen zu lassen.

Kat verursacht aber noch mehr Probleme.

Der Jemen ist ein trockenes Land, dessen Wasserressourcen durch den landschaftlichen Raubbau erschöpfen. Man rechnet damit, dass die Ressourcen in zehn Jahren allesamt aufgebraucht sein werden. Schuld daran ist vor allem das Kat: 40 Prozent des gesamten Wasserverbrauchs im Jemen sind auf den Anbau von Kat zurückzuführen.

Kat stellt zudem mittlerweile das größte Gesundheitsrisiko für die Jemeniten dar. So werden beim Anbau unkontrolliert Pestizide eingesetzt, die für einen Anstieg der Krebs- und Hepatitisfälle sorgen. Hinzu kommt, dass die Menschen im Jemen immer früher mit dem Kat-Verzehr anfangen. Vereinzelt sind Fälle von Kindern bekannt, die bereits mit vier oder fünf Jahren Kat kauen.

Diese Angewohnheit trägt direkt zur Armut und Unterernährung bei. Viele mittellose Familien geben mittlerweile einen Teil des Haushaltsgeldes für Kat aus, der einst zum Kauf lebensnotwendiger Güter diente.

Daher kämpfen Verbände, feministische Aktivistinnen und Menschenrechtler dafür, den Konsum abzuschaffen oder wenigstens auf das Wochenende zu beschränken, denn zweifellos ist das Kat eines der größten Hindernisse für die Entwicklung des Jemen. Doch der Kampf ist mühselig. Die Droge hat die jemenitische Gesellschaft so sehr im Griff, dass sie bereits als „der grüne Imam" bezeichnet wird.

Wie uns einmal ein Jemenit, der an der Straße saß und Kat kaute, voller Resignation sagte: „Ohne Kat ließe es sich in diesem Land unmöglich leben."

ZWEI WEITERE REISEN IN DEN JEMEN

Nachdem ich das Skript für Intisars Auto fertig hatte, unternahmen wir noch zwei weitere Reisen in den Jemen.

Die erste – Ende Januar 2011 – fiel mit dem Ausbruch der Revolutionen des Arabischen Frühlings im Land zusammen. In den eineinhalb Monaten, die wir in Sanaa verbrachten, konnten wir uns mehrmals mit den Studenten unterhalten, die vor der Universität campten und den Rücktritt des Präsidenten forderten. Sie waren der Motor einer etwas naiven, jungen und hartnäckigen Bewegung, die einzig und allein darauf abzielte, das Regime zu Fall zu bringen. Ansonsten gab es weder andere spezifische Forderungen noch einen Aktionsplan für den Fall, dass die Revolte erfolgreich war. Zaid, einer der Studenten, die täglich das Camp aufsuchten, fasste die Ansichten seiner Kommilitonen folgendermaßen zusammen: „Wir sind neu in Sachen Revolution und haben keine Erfahrung. Jetzt haben wir erst einmal gelernt, ‚Basta!' zu sagen. Danach sehen wir weiter."

Diese Naivität ließ bereits erahnen, dass sich die politischen Parteien die Ergebnisse des Studentenkampfes aneignen würden, sobald er sein Ziel erreicht hatte. Und so geschah es dann auch. Allerdings war es der Naivität der Protestler auch zu verdanken, dass sie sich offener zeigten und den Frauen mehr Freiraum gewährten, als ihnen bisher aus Tradition und Konservatismus zugestanden worden war.

Viele unserer Freundinnen standen den Protesten jedoch skeptisch gegenüber und glaubten, ein Regimewechsel bringe ihnen keinerlei Verbesserung. Im Gegenteil fürchteten sie sogar, die Lage könnte sich verschlechtern.

Andere Frauen kämpften an der Seite der Männer und hielten die feministischen Forderungen für später zurück. Allein ihre Teilnahme an den Demonstrationen bewirkte bereits einen Mentalitätswandel in Bezug auf den Stellenwert der Frau in der Gesellschaft. Außerdem gingen nicht die üblichen Aktivistinnen auf die Straße, sondern eine neue Generation anonymer Bürgerinnen, die sich bis dahin weder mobilisiert noch im Traum daran gedacht hatten, ihr Haus nach fünf Uhr nachmittags zu verlassen. Sie ließen sich weder durch die Camp-Attacke von Heckenschützen einschüchtern, bei der 52 Personen starben, noch durch die wiederholten Angriffe der Polizei mit Tränen- und Nervengas.

Fatima und Fakhria sind zwei Beispiele für diese neue Generation von Aktivistinnen, die im Rahmen der Revolte entstand. Fatima ist Journalistin und war die erste Frau im Jemen, die ein Blog führte. Fakhria benutzte ihren Facebook-Account, um die Proteste zu koordinieren. Die beiden suchten tagtäglich nach der Arbeit das Camp auf und führten politische Diskussionen mit allen Männern, die ihnen begegneten, selbst mit den Stammesangehörigen. Fakhria gestand uns anschließend, dass sie die Stammesangehörigen für Diebe und Entführer gehalten hatte, wie sie seit Jahren in der Regierungspropaganda dargestellt wurden. Beim Gespräch mit ihnen musste sie jedoch feststellen, dass sie viele gemeinsame Ziele hatten. Besonders erstaunlich war, dass diese Männer, die aus den Bergdörfern in die Hauptstadt gekommen waren – ohne Frauen, Töchter oder Schwestern – und die sehr traditionell eingestellt waren, durchaus Bereitschaft zeigten, mit diesen jungen, modernen Städterinnen einen Dialog zu führen. Fatima, Fakhria und ihre Freundinnen merkten, dass sie im Camp von den Männern respektvoll und ebenbürtig behandelt wurden und weder Beleidigungen zu hören bekamen noch „Geh wieder nach Hause und zieh deinen Schleier an!", wie es ihnen tagtäglich passierte, wenn sie unverschleiert durch die Straßen von Sanaa gingen.

Die zunehmende Präsenz der Frauen bei den Protesten zwang Präsident Salih, sich mit ihnen zu befassen, und sei es auch nur zu Propagandazwecken. Bei den von ihm organisierten Gegendemonstrationen, die der Welt zeigen sollten, dass er noch immer von einem Teil der Bevölkerung unterstützt wurde, hatten nie Frauen teilgenommen. Dies änderte sich schlagartig Anfang März, als zig Frauen mit einem Porträt Salihs durch die Straßen zogen. Es war keine spontane Aktion. Viele der Frauen erhielten 2.000 Rial (10 US-Dollar) für ihre Teilnahme. Auf einmal suchte der Präsident die Unterstützung des schwachen Geschlechts, um seine Stellung zu rechtfertigen.

Allerdings standen letztlich nicht die Frauen im Vordergrund, sondern die Gewalttaten. Bei Konfrontationen zwischen Anhängern und Gegnern des Regimes gab es täglich neue Tote in den größten Städten des Landes. Als wir den Jemen im März verließen, herrschte eine Stimmung wie vor einem Krieg.

Einige Wochen später brach ein bewaffneter Konflikt aus, der um ein Haar in einen blutigen Bürgerkrieg wie in Syrien ausgeartet wäre. Ali Abdullah Salih wurde bei einem Attentat schwer verletzt und trat schließlich zurück; die Opposition übernahm die Regierung. Zwar wurde ein Bruderkrieg verhindert, doch die monatelangen Kämpfe und die Instabilität hatten die Zentralgewalt enorm geschwächt. Die Spannungen zwischen den alliierten Stämmen, die sich gegen den abgesetzten Präsidenten erhoben hatten, ließen kaum nach. Die Konflikte mit den Separatisten im Süden und den Huthi-Rebellen im Norden verschärften sich. Al-Qaida nutzte das allgemeine Chaos im Land, um seine Macht auszubauen, und übernahm zeitweise sogar einige Städte, darunter eine mit 50.000 Einwohnern.

Im Dezember 2012 kehrten wir für einen zehntägigen Aufenthalt in den Jemen zurück. Man hatte uns eingeladen, um *Intisars Auto* zu präsentieren.

Seit unserem letzten Besuch hatte sich die Sicherheit in Sanaa erheblich verschlechtert. Die spanische Botschaft riet uns, dass wir uns nicht zu Fuß fortbewegen sollten, um die Gefahr einer Entführung zu vermeiden. Wir nahmen die Warnung umso ernster, als wir sie noch einmal von unseren jemenitischen Freunden hörten.

Die Stadt war nicht mehr sicher. In der ersten Nacht unserer Ankunft wurden mehrere Mitglieder der al-Huthi-Bewegung in der Nähe des Flughafens ermordet. Tage später errichtete ein al-Qaida-Kommando eine falsche Militärkontrolle, nur wenige Häuserblocks von unserem Quartier der beiden vorherigen Aufenthalte entfernt, und versuchte, einen saudischen Diplomaten zu entführen. Als er ihnen zu entkommen drohte, durchsiebten sie ihn und seinen Bodyguard mit Kugeln. Der Bruder einer Freundin wurde von Männern angeschossen, die sein Auto klauen wollten. Er wurde nur leicht verletzt. Wir erfuhren, dass nicht nur wir Westler Gefahr liefen, entführt zu werden, auch wohlhabende Jemeniten hatte man im Visier. Es ging sogar das Gerücht um, dass Frauen entführt und vergewaltigt wurden.

In der Luft lag Angst und das wirkte sich direkt auf die Bewegungsfreiheit der Frauen aus. Unsere Freundinnen verließen das Haus kaum noch allein und kehrten früh zurück. Die Aktivistinnen, die wir im Arabischen Frühling kennengelernt hatten, kämpften zwar weiter, doch ihre Anstrengungen konzentrierten sich auf soziale Netzwerke. Der konservative Islam hatte sich ausgebreitet. Die Islamisten hatten mehr Gewicht in der neuen Regierung und an der Universität schüchterten radikale Gruppen die Studentinnen ein, die sich nicht mit dem gebotenen Anstand kleideten.

Zweifellos hätten wir das Land in dem Glauben verlassen, dass es den Frauen nun schlechter ging als vor der Revolution, wäre nicht unsere Präsentation von *Intisars Auto* im Centre Culturel Français gewesen, die am letzten Tag unseres Aufenthalts im Jemen stattfand.

Die Veranstaltung war für jedermann zugänglich und wurde von etwa fünfzig Jemeniten und Jemenitinnen besucht. Der Comic war nicht auf Arabisch veröffentlicht worden, weshalb wir in erster Linie die Handlung und das Feedback der Leser in Spanien und Frankreich ansprachen. Wir waren sehr um eine respektvolle Darstellung bemüht und vermieden eingehende Verweise auf den Chauvinismus, um die anwesenden Männer nicht zu beleidigen. Trotzdem fühlten sich einige von ihnen angegriffen und nutzen die Fragestunde, um sich zu verteidigen.

„Wir sind keine Chauvinisten", versicherte uns ein Mann. „Sie müssen einfach verstehen, dass wir im Jemen nicht in einer Demokratie leben wie in Europa. Das Problem ist nicht, dass die Frauen keine Freiheit haben. Hier hat niemand Freiheit. Wir werden alle gleichermaßen unterdrückt, Männer wie Frauen. Außerdem haben die Jemenitinnen mehr Rechte als die Saudi-Araberinnen und können sich nicht beklagen."

Als wir die gleichen Argumente zum dritten Mal hörten, stand eine etwa fünfundzwanzigjährige Frau auf und ergriff empört das Wort. Sie bezeichnete die Männer als Heuchler, weil sie es wagten zu behaupten, Frauen und Männer hätten im Jemen die gleiche Freiheit. Harsch meinte sie: „Warum vergleichen Sie unsere Situation immer mit den Frauen in Saudi-Arabien und nicht mit den Frauen in Tunesien oder Ägypten? Warum?" Ihre Worte erhielten den spontanen, begeisterten Applaus aller anwesenden Frauen und sorgten für eine scharfe, auf Arabisch geführte Diskussion zwischen Männern und Frauen, die etwa zehn Minuten anhielt. Trotz der aggressiven Worte, mit denen einige Männer die Frauen zum Schweigen zu bringen versuchten, ließen sie sich nicht einschüchtern.

Eine solche Szene wäre zwei Jahre zuvor in Sanaa noch undenkbar gewesen. Als wir ins Flugzeug stiegen, hatten wir das Gefühl, dass sich die Lage für die Frauen sehr wohl noch verschlechtern konnte. Allerdings würden sie nicht kampflos ihr Recht auf eine freie Meinungsäußerung und die Teilnahme am öffentlichen Leben aufgeben – ein Recht, das sie im Zuge der Revolution errungen hatten.

Warum einen Comic über Frauen im Jemen?

Als ich im September 2009 im Jemen landete und die Frauen – vollkommen verschleiert und schwarz gekleidet unter gleißender Sonne – wie Schatten durch die Straßen ziehen sah, hielt ich sie für vollkommen unterdrückt. Klar, Tawakkul Karman hatte damals noch nicht als erste Araberin den Friedensnobelpreis erhalten und die Jemenitinnen hatten noch nicht ihren Mut und ihr politisches Engagement unter Beweis gestellt, indem sie zusammen mit den Männern auf die Straße gingen und den Rücktritt des Regierungschefs Ali Abdullah Salih forderten.

Meinen ersten Einblick in die Welt der jemenitischen Frauen gewährte mir meine Frau Aliénor. Eine Arbeitskollegin hatte sie zu einer Hochzeit eingeladen, von der ich ausgeschlossen war. Im Jemen herrscht eine derart strikte Geschlechtertrennung, dass Männer und Frauen sogar Hochzeiten getrennt voneinander feiern, nämlich in verschiedenen Lokalen, die mehrere Kilometer auseinander oder gar in unterschiedlichen Ortschaften liegen können. Gesellschaftlich ist alles gründlich durchorganisiert, um das Zusammentreffen mit dem anderen Geschlecht einzuschränken, sofern es sich nicht um männliche Verwandte handelt.

Aliénor traf pünktlich auf der Feier ein. Am Eingang des Saals wurden die Gäste von drei Wachen aufgefordert, ihre Mobiltelefone vorzuzeigen. Wenn sie mit einer Kamera versehen waren, nahm man sie den Frauen ab und gab ihnen einen Beleg, um sie nach der Feier wieder abholen zu können. Aliénor erfuhr schon bald den Grund. Sobald die bis auf die Augen verhüllten Frauen das Lokal betreten hatten, legten sie ihre Abayas und ihre Schleier ab. Darunter trugen sie farbenfrohe, eng anliegende Kleider mit tiefem Ausschnitt oder sogar Röcke, die über dem Knie endeten. Es herrschte eine ausgelassene, sehr sinnliche Stimmung.

Meine Frau verbrachte einen denkwürdigen Abend. Sie tanzte und unterhielt sich mit allen Gästen und entdeckte eine völlig unvermutete Seite des Jemens, die mit den Klischees, mit denen wir angereist waren, brach.

Während sich meine Frau vergnügte, saß ich in unserem Appartement und schaute mir einen Film an.

So in etwa verlief anfangs unser gesellschaftliches Leben. Einmal pro Woche nahm Aliénor an einer Feier oder einem Treffen mit ihren jemenitischen Freundinnen teil, während ich zu Hause vor dem Fernseher auf sie wartete. Sie kam immer sehr aufgeregt und glücklich zurück und erzählte mir tausendundeine Geschichte. Ich lauschte gebannt und erstaunt und war unfreiwillig ein wenig neidisch.

Es vergingen zweieinhalb Monate, bis ich zum ersten Mal die Gelegenheit hatte, mit einer Jemenitin ein ernsthaftes Gespräch von Angesicht zu Angesicht zu führen. Eine Freundin Aliénors hatte erfahren, dass ich Schriftsteller war, und wollte mich kennenlernen. Nennen wir sie einfach Ashuak. Wir drei verabredeten uns nachmittags auf einen Tee in einem Restaurant und setzten uns ganz hinten an einen Tisch in eine stille Ecke. Sicherheitshalber saß Ashuak mit dem Rücken zur Tür. Wenn sie von einem Bekannten in Begleitung eines Mannes gesehen worden wäre, hätte sie ernsthafte Probleme mit ihrer Familie bekommen, und die Anwesenheit meiner Frau hätte die Sache wohl kaum entschärft.

Wir unterhielten uns zwei Stunden lang. Anfangs war ich zurückhaltend, vermied heikle Themen und wählte meine Worte sorgfältig, da ich Ashuak nicht kränken wollte. Doch dann merkte ich, dass sie meine Meinung zu genau den Punkten erfahren wollte, die ich ausklammerte. Also ging ich das Risiko ein und das Gespräch nahm eine Wendung, die nicht hätte besser sein können. Am Ende sprachen wir über Promiskuität, Drogen, Religion, Terrorismus, Alkohol, Homosexualität und die Mohammed-Karikaturen.

Ashuak war die erste von vier jemenitischen Frauen, mit denen ich im Laufe unseres einjährigen Aufenthaltes Freundschaft schloss.

Ich arbeitete damals am zweiten Roman meiner Trilogie „Hombre Lobo", hatte aber vor, meine Erfahrung im Jemen in ein Comicskript einzubringen, das Nacho Casanova zeichnerisch umsetzen sollte. Allerdings wusste ich noch nicht genau, was ich erzählen wollte. Mir war nur klar, dass nicht ich im Mittelpunkt der Geschichte stehen würde. Dass ich letztlich über die Frauenwelt schrieb, war unvermeidlich. Sie war einfach viel interessanter als die der Männer.

Im Jemen führen die Männer ein sehr viel leichteres Leben als die Frauen. Die Männer haben die Macht in der Familie; sie entscheiden, was ihre Ehefrauen, Schwestern und Töchter tun dürfen, und stellen diesen Zustand nicht infrage. Erst werden sie von ihren Müttern verwöhnt, dann von ihren Ehefrauen. Die Frauen dagegen müssen sich jede noch so kleine Freiheit vehement erkämpfen. Alle Frauen, die ich kennenlernte, hatten gut nachvollziehbare Gründe dafür, dass sie sich unterdrückt fühlten.

Im Januar fingen Aliénor und ich an, gemeinsam einige Frauen zu interviewen. Je mehr wir herausfanden, desto mehr faszinierte uns ihre Welt.

Ich traf mich auch hin und wieder mit Jemeniten, um Kat zu kauen. Die berauschende Wirkung des Kat sorgt zwei Stunden lang für extreme Redeseligkeit, gefolgt von einem schweren, introvertierten Schweigen. Bei jenen Treffen wurde ich stets freundlich empfangen und sehr aufmerksam und zuvorkommend behandelt. Trotzdem hatte ich immer das Gefühl, dass die Männer mich als Rarität beäugten und kein echtes Interesse an mir hatten.

Bei den Frauen war es ganz anders. Sie freuten sich, gleichberechtigt mit einem Mann sprechen zu können, ohne Gefahr zu laufen, er könne ihre Freundlichkeit missverstehen. Einige Frauen fühlten sich in meiner Gegenwart sehr wohl.

Eine meiner Gesprächspartnerinnen erzählte in meinem Beisein, eine lesbische Freundin versuche gerade, sie zu überreden, sich als Zweitfrau mit ihrem Ehemann zu verheiraten. Dann hätten sie beide das Haus ganz für sich allein, sobald ihr Mann zur Arbeit ginge. Eine andere Frau berichtete mir, mit welchen Methoden manche jemenitischen Mädchen flirten. Wenn ihnen auf der Straße ein Junge gefällt, lassen sie beim Vorbeifahren einen Papierschnipsel mit ihrer Telefonnummer aus dem Autofenster zu seinen Füßen fallen. So kommen Telefonromanzen zustande. Die sind zwar keusch, aber trotzdem sehr unehrenhaft, wenn sie bekannt werden.

Bei einem anderen Gespräch erfuhr ich von einer jungen Frau, mit der keine ihrer Freundinnen im Auto mitfahren wollte. Sie ließ sich immer auf mörderische Wettrennen ein, wenn sie sich von einem männlichen Fahrer herausgefordert fühlte. Am Steuer konnte sie mit den Männern gleichberechtigt wetteifern und sie besiegen, was in den übrigen Lebensbereichen undenkbar wäre. Da war mir klar, dass ich einen wesentlichen Charakterzug für die Hauptfigur des Comics gefunden hatte. Später wählte ich den Namen Intisar, der auf Arabisch „Sieg" bedeutet.

Unsere Treffen mit den Frauen waren sehr ergiebig. Wir erfuhren von ihrem Leben, ihren Problemen, ihren Träumen und hörten immer wieder Anekdoten, für die ein Schriftsteller zu töten bereit wäre.

Die Männer erzählten mir von Messi.

Ich will damit keineswegs den Eindruck erwecken, ich hätte im Jemen umgeben von Frauen gelebt. Nichts könnte der Wahrheit ferner liegen. Oft vergingen ein bis zwei Wochen, bis ich wieder Gelegenheit hatte, mit einer Jemenitin zu plaudern. Außerdem konnte ich nur etwa bei einem Drittel unserer rund vierzig Interviews persönlich dabei sein. Meist waren es die Gesprächspartnerinnen selbst, die sich gegen meine Anwesenheit aussprachen. Manchmal war es

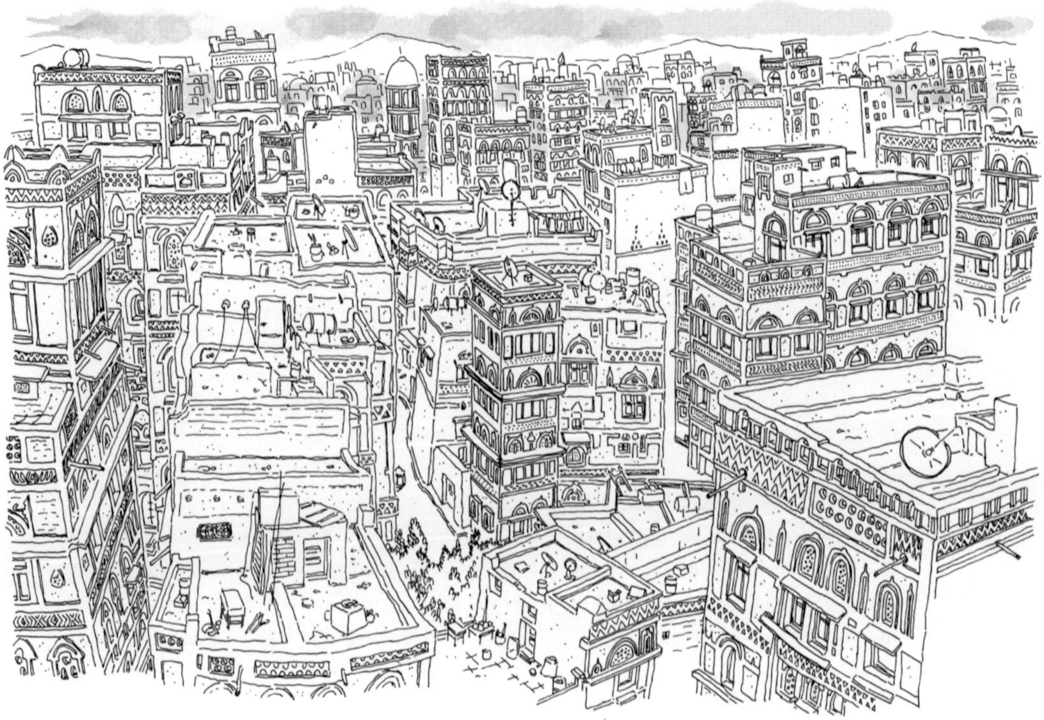

auch Aliénor, wenn sie fürchtete, eine bestimmte Frau könnte sich bei einem Mann nicht offen aussprechen.

Trotzdem waren jene wenigen Stunden, die ich im Café in weiblicher Begleitung bei einem Limettensaft oder Wasserpfeife rauchend verbrachte, bei Weitem die intensivste und fruchtbarste Erfahrung meines Aufenthalts im Jemen.

Diesen Treffen und Gesprächen habe ich einen Großteil des Materials zu verdanken, auf dem das Skript für Intisars Auto basiert. Ich brauchte keinerlei Comic-vorbild, als ich mich an das Skript setzte, denn mir war sofort klar, dass ich meinen Einblick in die Welt der Frauen genauso direkt und unmissverständlich vermitteln wollte, wie er mir gewährt worden war. Also erteilte ich den Frauen das Wort und ließ sie ihre Geschichte selbst erzählen.

Bevor ich den Jemen verließ, berichtete ich Ashuak von meiner Idee, einen Comic zu schreiben. Sie bat mich, der Versuchung zu widerstehen, eine tragische, deprimierende Geschichte ohne einen Schimmer Hoffnung zu schreiben. Ich habe auf sie gehört.

KURZE ERLÄUTERUNG DER GRAFISCHEN UMSETZUNG

Pedro Riera und ich haben bei diesem Werk zum ersten Mal zusammengearbeitet. Eigentlich bin ich es gewohnt, Comics im Alleingang komplett zu gestalten. Daher verlief die grafische Umsetzung dieses Mal anders und war eine Herausforderung für mich.

Zunächst einmal muss ich erwähnen, dass ich noch nie im Jemen gewesen bin; Pedro (und Aliénor, seine Frau) natürlich schon. Als mir Pedro vorschlug, gemeinsam an diesem Comic zu arbeiten, hatte er einen Ordner mit eigenem Foto- und Videomaterial dabei, das es auf mehrere Gigabytes brachte. Ich habe tatsächlich jedes Foto für meine Arbeit an diesem Werk gebraucht. Darüber hinaus habe ich auch Aufnahmen mit einfließen lassen, die wir im Internet suchen mussten.

Als Erstes schickte mir Pedro das Skript mit den Texten für die Erzählkästen und eine kurze Beschreibung der Handlung für die einzelnen Panels. Die Handlungen und die Texte stimmen nicht immer überein, sodass wir entschieden, ich solle zunächst ein Storyboard zeichnen, um es zu besprechen. Doch dieses Storyboard verstand niemand außer mir. Wegen der Schriftgröße und der

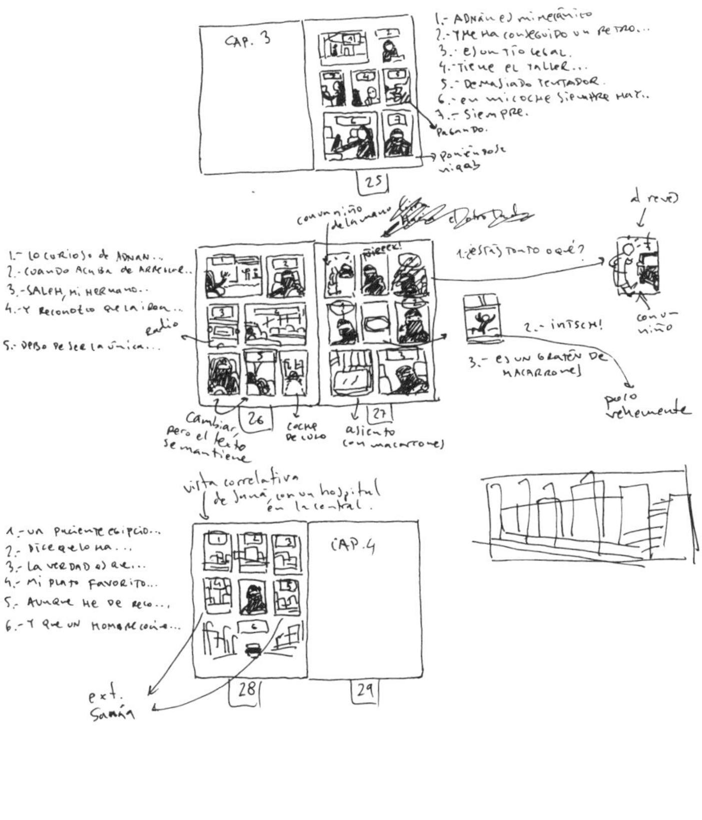

winzigen Skizzen musste ich Pedro die Zeichnungen erläutern und, wenn nötig, mit klärenden Hinweisen versehen.

Nachdem ich mein chaotisches Storyboard ins Reine übertragen hatte, machte ich mich mit Pedros Zustimmung daran, jede Seite mit einem einzigen Stift auf einem kleinen Block umzusetzen. Ich skizzierte die Formen nur kurz mit dem Bleistift vor, schnappte mir die unzähligen Fotos zur Dokumentation und nahm dann die Seite in Angriff.

Sobald eine Seite gezeichnet war, scannte ich sie ein. Dann trennte ich die schwarze Tinte von der farbigen. Für die grauen Schattierungen legte ich eine separate Datei an und speicherte die Muster der zweiten Farbe in derselben Datei wie die Linien in dieser Farbe. Es entstehen also diese drei Dateien:

Ich weiß, das sieht ziemlich komisch aus. Vor allem, wenn man bedenkt, dass alles einem einfarbigen Blockentwurf entspringt. Außerdem sieht man noch die Freiräume für die Erzählkästen, die nachträglich eingefügt werden. Später wurde alles zum folgenden Bild zusammengesetzt, das sehr viel ansprechender wirkt.

Und das war's auch schon. Danach mussten nur noch die Erzählkästen hinzugefügt und gelettert werden; ebenso die Soundwords, sofern vorhanden, und besondere Details, wie die Musiktexte und -noten. Die folgende Zeichnung entspricht Seite 35 des Comics. Wiederholt man die vorstehenden Schritte rund 180 Mal, dann ergibt sich daraus das Buch, das Sie in den Händen halten.

Frauen im Camp der Universität Sanaa während der Revolten des Arabischen Frühlings. ▶

REFERENZFOTOS

Die syrische Freundin, die bereit war, in den Videos und auf den Referenzfotos als Intisar aufzutreten.

Bewaffnete Männer bewachen das Haus eines Scheichs in Sanaa (Titelblatt Kapitel 11).

Obsthändler auf einem Markt in Sanaa (Titelblatt Kapitel 18).

Al-Mahwit (Titelblatt Kapitel 7).

Wachpersonal beim Kat-Kauen in der Pförtnerloge eines Wohngebäudes (Titelblatt Kapitel 8).

Eine Frau beim Bowling in Fun City in Sanaa (Panels auf Seite 106).

Bewaffneter Wachmann auf einer Kat-Plantage (Titelblatt Kapitel 14).

Kinder im Kofferraum eines Autos in Kaukaban (Titelblatt Kapitel 24).

Zwei Frauen vor einem Schaufenster (Panel auf Seite 51).

Jugendliche fahren mit dem Taxi nach Sanaa, um Fußball zu spielen (Titelblatt Kapitel 2).

Zwei Militärs in Schibam (Titelblatt Kapitel 4).

Kinder in At-Tawila.

Der Chauffeur ohne Arme.

Frauen im Camp der Universität Sanaa während der Revolten des Arabischen Frühlings.

Zwei Männer in einer Straße in Sanaa.

Stammesangehörige im Camp der Universität Sanaa während der Revolten des Arabischen F

Spielende Kinder in einer Straße in Schibam (Titelblatt Kapitel 6).

Eine Frau telefoniert in einem Supermarkt in Sanaa.

Ein Hund mit Brot (Titelblatt Kapitel 10).

Dieses Buch wurde am 9. Oktober 2011 fertiggestellt. Zwei Tage zuvor erhielt die Jemenitin Tawakkul Karman den Friedensnobelpreis für ihren Einsatz für Menschenrechte und Frauen. Die Verleihung dieses Preises ist eine Ehrung all jener Frauen, die im Jemen und in der gesamten arabischen Welt für Gleichberechtigung kämpfen.

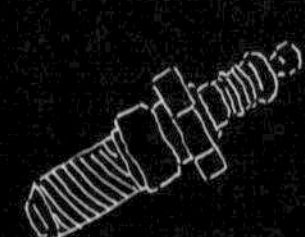